特别感谢中共广州市委宣传部2020年广州市宣传思想文化领军人才项目资助

FDI在集群中的出口溢出效应研究

THE RESEARCH ON EXPORT SPILLOVER EFFECT OF FDI IN INDUSTRIAL CLUSTER

吴　东◎著

经济管理出版社
ECONOMY & MANAGEMENT PUBLISHING HOUSE

图书在版编目（CIP）数据

FDI在集群中的出口溢出效应研究/吴东著. —北京：经济管理出版社，2020.11
ISBN 978-7-5096-7657-8

Ⅰ.①F… Ⅱ.①吴… Ⅲ.①外商直接投资—研究—中国 Ⅳ.①F832.6

中国版本图书馆CIP数据核字(2020)第236959号

组稿编辑：魏晨红
责任编辑：魏晨红
责任印制：黄章平
责任校对：陈晓霞

出版发行：经济管理出版社
（北京市海淀区北蜂窝8号中雅大厦A座11层 100038）
网　址：www. E-mp. com. cn
电　话：（010）51915602
印　刷：北京市唐家岭福利印刷厂
经　销：新华书店
开　本：720mm×1000mm/16
印　张：11.25
字　数：126千字
版　次：2020年12月第1版　2020年12月第1次印刷
书　号：ISBN 978-7-5096-7657-8
定　价：68.00元

联系地址：北京阜外月坛北小街2号
电话：（010）68022974　　邮编：100836

前　言

近年来，中国参与全球化的两大基本特征是规模巨大的进出口贸易和大量的国际直接投资（Foreign Direct Investment，FDI）流入，而产业集群是这二者的重要载体。在中国，相当一部分出口企业集中在产业集群之中，同时，FDI 本身具有明显的外向性，于是 FDI 对于集群中国内企业的出口是否存在明显的溢出效应，而这种溢出效应是通过哪种渠道发生作用的，FDI 集群的结构对于溢出效应的作用如何，这几个方面问题的清晰把握对于深入认识集群中企业出口的影响机制有着重要的现实意义。由于现有 FDI 出口溢出的文献没有系统讨论空间因素对于出口溢出的影响，所以现有文献对集群中的 FDI 出口溢出并没有给予关注，也就不能回答上述问题。

为解决以上问题，本书的主要任务就是探索在我国的产业集群中 FDI 出口溢出的规律和特征，具体来说：第一，通过计量分析，判断集群中 FDI 出口溢出的空间效应，进而判断 FDI 在集群中出口溢出效应的强度；第二，度量出 FDI 在集群中出口溢出的渠道；第三，研究 FDI 集群的结构对出口溢出效应产生的影响。

首先，本书通过实证分析了从空间距离和一定空间范围的企业密集程度判断 FDI 的出口溢出是否存在空间效应。以 2005 ~ 2007 年的制造业企业为样本，利用 Heckman 模型，分别从省、市、县三个尺度的空间范围进行回归分析，发现随着空间尺度的缩小，FDI 出口溢出的强度在增大。当引入县区内同行业企业的数量与出口溢出效应进行联合分析后，发现随着企业密度的上升，FDI 出口溢出的效果会增强。这两个方面的实证分析证明了 FDI 出口溢出存在空间效应，进而证明了研究在集群内 FDI 的出口溢出效应是有必要的，也是有意义的。

其次，利用集群企业样本数据，进一步发现 FDI 在集群中具有更强的出口溢出效应后，着重对集群内的 FDI 出口溢出的渠道进行了实证分析。分析发现，在我国制造业产业集群中，FDI 出口溢出主要通过技术溢出间接实现，信息渠道在溢出过程中作用并不明显。

最后，本书引入 FDI 集群中 FDI 企业群的结构，着重考察了 FDI 企业群的市场集中度、FDI 来源结构以及 FDI 股权结构对于 FDI 出口溢出效应的影响。第一，发现随着市场集中度的提高，FDI 出口溢出的效应会减弱；第二，港澳台企业所占比重较大的 FDI 产业集群更多地通过信息渠道实现出口溢出，而其他外资企业所占比重较大，FDI 产业集群主要通过技术渠道实现对国内企业的出口溢出；第三，FDI 合资企业比独资企业具有更强的出口溢出效应。

目录

1 导论

1.1 问题的提出

一直以来，世界各国尤其是发展中国家都把吸引更多的 FDI（Foreign Direct Investment）作为一个重要的发展战略。在中国，吸引 FDI 也成为促进经济发展的重要方面，20 世纪 80 年代以来，同时，大量的 FDI 涌入中国（见图 1－1 和图 1－2）。在决策者看来，FDI 对本国发展的促进作用，一方面体现在 FDI 资本流入可解决发展中国家的资本短缺问题；另一方面 FDI 对本国企业发展会产生很强的带动作用，即 FDI 在技术、管理等方面存在溢出作用。同时，大量的研究也发现 FDI 的外溢作用有利于缩小发展中国家与发达国家之间在技术、管理上的差距。

以往的研究大多从国家或省份等较大的空间层次去研究 FDI 的外溢效应，而对 FDI 与其所处的微观环境之间的互动关注不够。目前，由于产业集群中拥有相对完善的产业配套和营商环境，因此，在全球范围内的产业集群已经成为 FDI 选址、定位过程中着重考虑的一个目的地，FDI 与产业集群之间的相互关系也越来越引起研究者

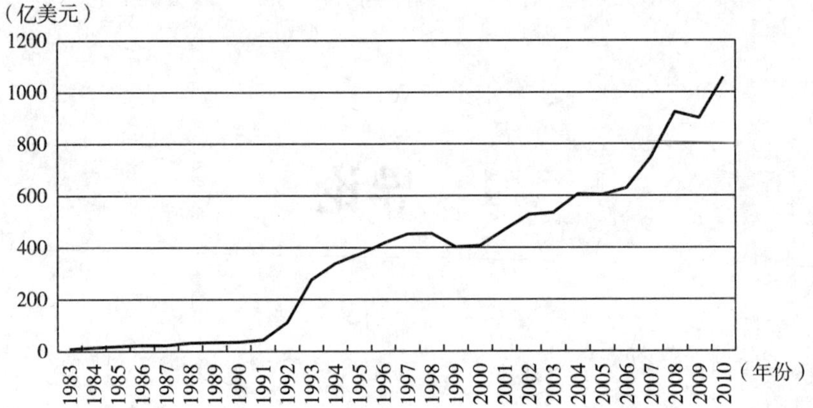

图 1－1　中国历年外商直接投资实际利用金额

资料来源：国家统计局国民经济综合统计司．新中国 60 年统计资料汇编［M］．北京：中国统计出版社，2010.

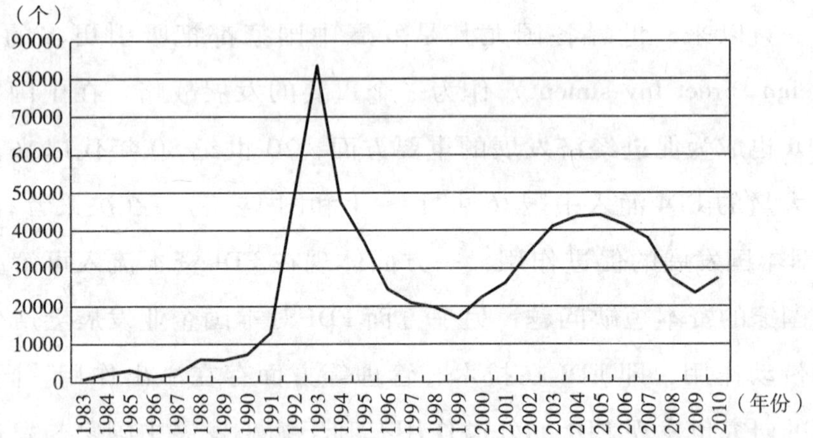

图 1－2　中国历年外商直接投资项目数量

资料来源：国家统计局国民经济综合统计司．新中国 60 年统计资料汇编［M］．北京：中国统计出版社，2010.

的兴趣。在我国，FDI 因为看重产业集群内丰富的外部性，所以也大量聚集于集群之中。而当 FDI 定位于产业集群之后，其对集群内的国内企业是否会产生更明显的外溢效应，技术和知识外溢的机制如何，都是值得进一步探讨的问题。关于FDI的技术外溢，已有大量文献进行了研究，近年来，也有部分文献开始关注FDI在出口方面对东道国企业的溢出效应，但目前还鲜有文献把FDI的出口溢出效应引入到集群中进行研究，而深入探讨集群中FDI的出口溢出效应又具有很强的现实意义。中国参与全球化的两大特征是规模巨大的进出口贸易和大量的FDI流入，而产业集群是这二者的重要载体，中国相当一部分出口企业集中于产业集群之中。同时，FDI本身又具有明显的外向性，那么我们自然会问，FDI对于促进集群中东道国企业的出口有没有更明显的促进作用，而这种促进作用是通过哪种渠道发生作用的。虽然目前中国发展战略已经由外向型驱动转向内需驱动，但出口贸易永远是一国保持全球竞争力的重要支撑，在刺激国内需求的同时，一定不能放弃国外的市场，因此研究FDI对我国企业的出口溢出效应，更深刻地把握企业出口的决定因素，对我国的可持续发展都有重要的意义。

目前，关于FDI技术外溢效应的理论和实证文献已经相对丰富，而对于FDI出口外溢效应的文献却开始不久。Aitken、Hanson和Harrison（1997）较早开始关注这一问题，他们以墨西哥的企业为样本，从州这一层面研究了FDI对同行业本国企业产生的出口溢出效应，发现存在正的溢出效应。Greenaway、Sousa和Wakelin（2004）以英国的企业为样本，测量了FDI出口溢出的渠道。Swenson（2008）利用中国企业的出口数据，从城市层面研究了本国企业与FDI空间接近对企业出口目的地国多样化的影响。虽然关于FDI出口溢出问题的研究已经有了一定的进展，但现有的文献都是在比较大的空间范围研究出口溢出效应的，如国家、省或州以及城市的层面，还没有文献系统地把空间效应与出口溢出结合起来，并进一步在产业集群的范围内考察 FDI 的出口溢出，而产业集群具有非常丰富的外部性，也是 FDI 与本国企业近距离结合的空间，FDI 在集群内对当地企业溢出效应的强度和渠道与大尺度空间一定有所差异，因此有必要深入研究集群中 FDI 的出口溢出效应，并揭示溢出的渠道。

1.2 思路、框架与结论

本书的主要任务是探索产业集群中 FDI 出口溢出的规律和特征。具体而言，是通过计量分析判断集群中 FDI 出口溢出的空间效应来说明集群中 FDI 出口溢出的效果，进而通过度量 FDI 在集群中出口溢出的渠道研究 FDI 集群的结构对出口溢出效应产生的影响来探索 FDI 在集群中出口溢出的机制。

首先，本书通过实证分析判断 FDI 的出口溢出是否存在空间效应，主要对两个方面的因素进行验证：一是空间距离，二是一定空间内的企业密集程度。对于空间距离的验证，基本做法是以制造业企业为样本，考察在省、市以及县三个尺度的空间范围内，如果随着空间尺度的缩小，FDI 出口溢出强度在增大，则说明存在明显的空间效应，或者说出口溢出与空间距离明显相关。如果随着空间尺度缩小，FDI 溢出强度没有明显变化，则说明出口溢出与空间距离无关。对于企业密集程度，我们将引入县区内同行业企业的数量与出口溢出效应进行联合分析。在证明了 FDI 出口溢出的空间效应后，也就说明了研究在集群内 FDI 出口溢出效应是有必要的，也是有意义的。

其次，在证实了出口溢出具有空间效应并针对集群企业样本分析 FDI 出口溢出的强度以后，我们把注意力集中于集群内 FDI 出口溢出的渠道。本书主要考察 FDI 出口溢出的信息渠道和技术渠道，试图发现在产业集群中，哪个渠道对出口溢出发挥着更重要的作用。

最后，本书将引入 FDI 集群中 FDI 企业群的结构来考察其对于出口溢出效应的影响，主要关注 FDI 企业群的市场结构、来源结构以及企业股权结构这三个方面。

本书的基本框架如图 1－3 所示。

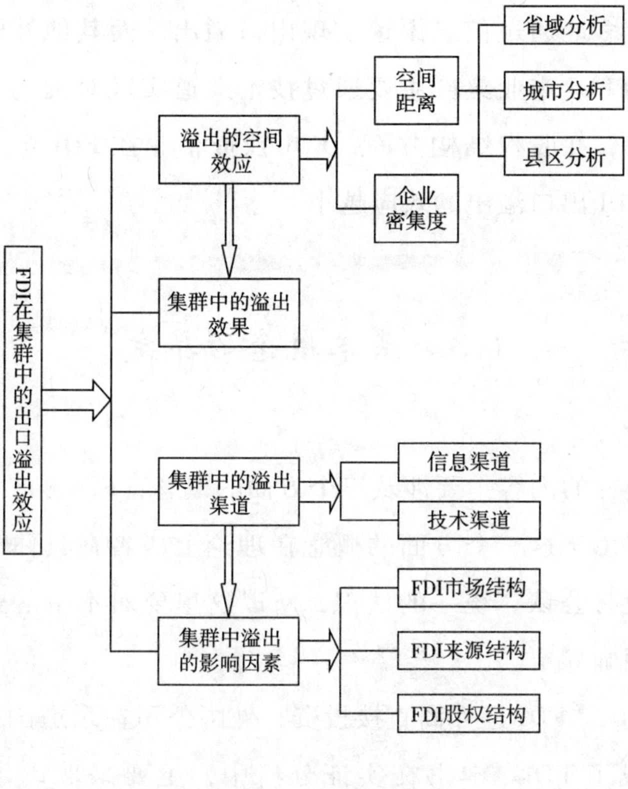

图 1－3 基本框架

通过本书的分析，得到以下几个主要结论：

第一，本书通过实证分析发现 FDI 的出口溢出存在空间效应，即随着空间尺度的缩小，FDI 出口溢出的强度在增大。相对于其他空间范围来说，集群中 FDI 的出口溢出效果比较强。

第二，通过实证研究发现，在我国制造业产业集群中，FDI 出口溢出主要通过技术溢出间接实现，信息渠道在出口溢出过程中作用并不明显。

第三，通过本书的实证分析发现，FDI 集群的一些结构特征对于 FDI 的出口溢出有明显的作用：首先，随着市场集中度的提高，FDI 出口溢出的效应会减弱；其次，港澳台企业所占比重较大的 FDI 产业集群更多地通过信息渠道实现出口溢出，而其他外资企业所占比重较大的 FDI 产业集群主要通过技术渠道实现对国内企业的出口溢出；最后，在股权结构方面，FDI 独资企业在 FDI 企业中的比重越大，则 FDI 出口溢出的效应越小。

1.3 基本概念的界定

本书研究的内容主要涉及三个方面的概念：FDI、产业集群以及出口溢出。由于这三个方面的概念在理论上或者在具体的识别和测量方面还没有公认、统一的认识，所以这里要对本书的这几个主要概念作出明确界定。

（1）FDI。FDI 是外商直接投资，外国公司在东道国投资成立企业，就形成了 FDI。本书在实证分析中，主要采取以下方法界定 FDI：第一，FDI 包括登记注册为外商投资和港澳台投资的企业，这其中既包括外商和港澳台的独资企业，也包括合资和合作企业。第二，对于注册为股份有限公司的企业，我们把外商或港澳台资本超过50%以上的企业作为FDI。

（2）产业集群。产业集群是同一类行业的企业在某一特定区域形成明显集聚的一种现象，因此，本书主要抓住同行业、企业数量和特定区域来界定产业集群。需要注意的是，这种方法所界定的集群相对比较宽泛，可能包括各种类型的集群。现有文献大多把集群企业之间的产业关联作为产业集群的基本特征，并且认为如果企业之间不存在产业关联，就不能称为集群。但我们认为虽然产业关联是产业集群形成和维持过程中非常重要的一个方面，但它并不能概括产业集群的所有方面，现实当中也存在一些并不以产业关联为主要特征的集群，如同行业之间的技术溢出等也是集群形成的主要机制。

（3）FDI集群。在本书的实证分析中，为了研究FDI集群中FDI企业群体的结构对FDI出口溢出效果的影响，需要把FDI产业集群挑选出来。而要考察FDI企业群体的结构，需要选择FDI企业数量相对较多的产业集群，因此在本书中，FDI集群是指同行业的FDI企业在某一区域相对比较集中的现象。

（4）FDI出口溢出。本书中FDI的出口溢出是指由于某区域FDI进入之后，FDI对本土企业产生的外部性，这种外部性的表现就是由于FDI的存在，本土企业选择了出口行为或出口密集度得到加强。需要强调的是，首先，FDI出口溢出是指FDI的进入对本土企业出口的影响，对于FDI自己是否从事出口业务，我们不强行要求；其次，FDI的出口溢出是一种外部性，并不是本土企业与FDI进行交易的直接结果，也不是FDI主动的行为；最后，本书仅研究FDI

对本土企业单向的出口溢出，而不研究本土企业对FDI的影响。在本书中，对于本土企业可能采用不同的称呼，如国内企业、内资企业以及东道国企业，但所指的对象都是相同的，即指中国的本土企业。

1.4 方法与数据

1.4.1 研究方法

（1）集群度量方法。本书根据已有文献，从行业、地区和企业数量三个方面来界定产业集群。集群的行业口径是三位数行业，地区以县级行政单位为界限，企业数量通过对县区内三位数行业企业数量进行聚类分析来确定，主要采取K值快速聚类方法，把县区三位数企业数量分为两组，数量较大的一组被看作产业集群，而两组的分界点即为产业集群企业数量的分界点，对于2005年、2006年、2007年三年，每一年会得到一个产业集群企业数量的分界点。为增大集群样本的数量，本书采用较低界限的集群分界点，即把2005年的分界点作为产业集群的分界点。

（2）实证方法。由于本书的分析对象是企业的出口，在全部制造业企业样本中，大部分企业没有出口业务，所以会导致因变量大部分取值出现0的情况，即企业在出口行为方面，一是选择出口或不出口，二是选择出口的量。这样一来，如果不考虑取值为0的样本，直接对大于0的样本进行OLS回归就会导致回归结果因非随机的样本选择而出现偏误。Heckman（1979）指出了一个非随机样本选择导致估计偏误的情况，即考虑一个回归方程：

$$Y_j = x_j \beta + u_{1j} \tag{1-1}$$

其中，因变量不是总能被观测到，而因变量能否被观测到取决于式（1-2）能否成立。

$$z_j \gamma + u_{2j} > 0 \tag{1-2}$$

其中，

$u_2 \sim N(0,\ \delta)$

$u_1 \sim N(0,\ 1)$

$\mathrm{corr}(u_1,\ u_2) = \rho$

当 $\rho \neq 0$ 时，标准的回归方程会产生偏误。为避免出现样本选择导致的偏误，可以采用 Heckman 模型进行两步回归，同时对回归方程和选择方程进行估计。因此，在本书的实证部分全部使用 Heckman 模型进行回归分析。

1.4.2 数据来源与样本选择

本书的数据来源于国家统计局提供的中国工业企业数据库，该数据库包括全部国有及规模以上非国有工业企业的相关财务和产值指标。企业的基本信息为我们确定企业的空间位置、所属行业及企业性质提供了便利。在分析过程中，本书仅使用 29 个制造业行业数据，一方面是由于在制造业中，FDI 现象比较多；另一方面是因为制造业之外的其他行业的产业集群比较少。数据的时间段是 2005 ~ 2007 年，选取这段时间的原因一方面是 2005 ~ 2007 年企业指标比较齐全；另一方面，企业的行业代码三年是一致的，便于计算。同时本书的主题与经济发展的时期关系不大，因此时期较短也不会影响分析结论的有效性。

在下文的实证分析中，本书将根据相关内容的需要采用不同的数据样本。在FDI出口溢出的空间效应分析中，因为我们要从省、市及县区三个空间层次进行分析对比，为了使三个实证分析具有可比性，都采用全国国内企业的样本进行分析。在集群内FDI出口溢出渠道分析中，由于我们主要观察集群中的溢出渠道，所以仅采用集群内的本土企业作为分析对象。在FDI集群结构与出口溢出分析中，着重考察FDI企业群体的结构对于其出口溢出的影响。因此，我们挑选出FDI明显集中的集群来考察，而分析的个体仍然是这些集群中的本土企业。

1.5 创新之处

本书的创新之处主要有以下三点：

第一，系统地考察了FDI出口溢出的空间效应。现有理论文献都在较大的空间尺度上研究FDI的出口溢出效应，而没有对空间距离和企业的密集度进行严谨的讨论和实证分析。空间问题对于FDI的出口溢出有相当明显的影响，因此本书是对现有FDI出口溢出理论文献的一个推进。

第二，对产业集群中FDI出口溢出的渠道进行了分析。由于以往的研究对出口溢出的空间效应关注不够，也没有把产业集群作为考察的对象，所以目前还没有文献分析产业集群中FDI出口溢出的渠道。然而由于产业集群内部有种类多样的外部性，所以集群中的溢出渠道应该也会有自身的特点，在这方面，本书的研究工作也具有一定的新意。

第三，分析了 FDI 集群中 FDI 企业群落的结构对于出口溢出的影响。现有文献还没有把 FDI 集群与出口溢出结合起来分析，而 FDI 集群内部的结构与出口溢出又存在一定的相关性，因此，本书在这方面也是对 FDI 出口溢出研究的一个推进。

2 文献综述与评论

FDI 在集群中的出口溢出问题涉及四个方面的文献，即知识溢出的文献、产业集群的相关理论、FDI 技术溢出和出口溢出的相关文献以及异质性企业贸易理论，下面对相关的文献做简要的介绍。

2.1 知识溢出的机制

知识溢出实际上是一种在知识方面产生的外部性。马歇尔较早地指出了知识的外溢效应。在《经济学原理》中，马歇尔对知识外溢作了这样的叙述："当一种工艺已这样选择了自己的地方时，它会长久设在那里的。因此，从事同样的需要技能的行业的人，互相从邻近的地方所得到的利益是很大的。行业的秘密不再成为秘密，而似乎是公开了，孩子们在不知不觉中学到许多秘密。优良的工作受到正确的赏识，机械上以及制造方法和企业的一般组织上的发明和改良之成绩得到迅速的研究。如果一个人有了一种新思想，就为别人所采纳，并与别人的意见结合起来，因此，它就成为更新的思想之源泉。”①

在20世纪60年代，知识溢出又重新为理论界所重视。Mac Dougall（1960）在研究FDI对东道国的影响时，指出了知识溢出效应的作用，但他并没有对知识溢出给出详细的论述。阿罗（1962）较早地研究了知识溢出对经济增长的作用，他认为知识是投资的副产品，是一种公共品，可产生溢出效应，他指出随着一个行业规模的扩大，每个企业都可以通过行业的外部性提高生产率，而其背后的机制就是知识的溢出和学习的过程。内生增长理论强调了知识外溢对经济增长的作用。在Romer（1986，1990）的分析中，知识积累和溢出是经济内生增长的基础，在其早期的模型中，知识是依赖人力资本积累而发生溢出的；在后来的内生增长模型中，知识溢出主要是依赖垄断竞争企业研发活动形成的知识积累进而对外溢出的。

知识溢出的机制主要有以下几个方面：

（1）劳动力流动与知识溢出。由于大量的知识储存于劳动力个体中，所以劳动力在企业之间和区域之间的流动就会带来知识的流动，进而形成社会范围内知识的外溢。Zucker和Darby（1996）指出，知识体现于拥有技能、诀窍，并可从事技术发展的个体劳动者身上。Zucker和Darby（1996）研究了作为知识资本源泉的科学家把生物科学知识转变为商业应用的作用，他们发现高水平的人力资本的增长以及扩散对生物产业企业的建立具有很重要的作用。Almeida和Kogut（1999）为了追踪半导体知识的传播，进一步拓展了Zucker和Darby（1996）的方法，考虑了专利拥有者在企业之间的流动，他们的分析结果显示，科学家在企业之间的流动，导致了

① 马歇尔．经济学原理［M］．北京：商务印书馆，2005.

半导体思想的传播。Zucker 和 Darby 主要研究关键个体的人力资本，而没有关注普通的人力资本。而 Lucas（1988）则认为发展和应用新技术的能力增长，主要依靠区域范围内的平均人力资本水平。Glaeser 等（1992）也发现更高的平均人力资本水平会导致城市更高的增长率。Malecki（1997）同时指出技术工人在知识扩散中的重要作用。

（2）研发网络与知识溢出。大学、研究机构以及企业之间的合作研究也是知识外溢的一个重要方式。Feldman 和 Francis（2002）指出研究性大学是知识溢出的重要源泉，通过大学中科技人员为地方企业提供的技术支持以及毕业大学生的创业和就业，大学成为企业、个人及政府相互作用和交流的平台，这也促进了知识在各部门之间的溢出。Combes（2000）、Maurseth 和 Verspagen（2002）以及 Hussler（2004）指出，在产学研合作过程中，文化和技术的相似性会影响互动交流的效率，进而影响知识外溢的效率，最终影响知识溢出的地理分布和效率。Jaffe（1989），Acs、Audresch 和 Feldman（1992），Feldman 和 Audretsh（1999）发现大学的实验室对周边企业的商业创新有促进作用。

（3）产品贸易与知识溢出。由于创新者在创造出新产品之后，并不能充分攫取产品所带来的利益，总有一部分知识会通过产品外溢出去，所以知识溢出也可以通过新产品来实现。在新熊彼特增长理论的开放模型中，国际贸易就是知识扩散的重要方式。Grossman 和 Helpman（1991）指出，在经济上封闭的国家，虽然人们通过阅读专业期刊与外国专家进行交流研讨或调查研究样品产品可以获得部分信息，但在商业交易中形成的关系对于知识在国际间的传播具有更重要的作用。Coe 和 Helpman（1995）发现通过贸易的国际研发溢出效果是比较明显的，他们的实证研究显示，通过进口引致的外国研发溢出与本国的生产力水平存在明显的正相关。另有学者对不同贸易品所带来的知识溢出作了进一步区分。Xu 和 Wang（1999）认为资本品的贸易会比消费品的贸易带来更多的技术溢出，因为资本品中体现了更先进的技术。

2.2 产业集群与知识外溢

2.2.1 产业集群基本理论的发展

马歇尔（Marshall，1890）在《经济学原理》（*Principals of Economies*，1890）和《工业和贸易》（*Industry and Trade*，1919）中，最早对产业集群基础理论进行了比较系统的讨论。在对 19 世纪英国的谢菲尔德刀具产业以及兰开夏和约克夏棉纺织工业区的观察的基础上，马歇尔第一次从理论上系统地分析了产业集群的现象，他将相同行业或关联行业的企业集中于某一地区的现象称为“地方化”或“产业区”。马歇尔（1890）分析了产业集群产生的原因和产业集群自身的优势，认为产业集群产生的原因是指产业在某一地区集中发展的最初动力，而这些动力包括物质条件、本地的市场以及政治和文化等方面，这主要是地区经济发展的一些外部条件；产业集群的优势是产业集群中产生的集聚经济，集聚经济可以使本地代代相传的技术、知识在本地区内得到进一步的扩散，在产业链上相互关联的行业在本地区也相互靠近并发展起来，并且本行业的劳动力市场也得以形成。

在马歇尔指出产业集群的现象并提出基本的分析框架之后，产业集群并没有引起理论界太多的关注，直到以意大利学者 Becattini 为主要代表的新产业区理论的出现，产业集群才再次成为区域经济理论中的一个热点问题。新产业区理论以意大利的产业集群为主要研究对象，进一步着重研究了产业集群中的社会关系网络和企业之间的分工。Becattini（1979）全面考察了意大利中部的托斯卡纳地区后发现“第三意大利”地区与马歇尔（1890）所观察到的英国的产业区基本相似，因此，Becattini 把“第三意大利”地区称为“马歇尔式的产业区”。在马歇尔产业集群理论的基础上，Becattini 更强调产业集群内企业在分工基础上的外部经济以及产业集群发展的社会、文化和制度基础（Martin，1999）。以 Becattini 的研究为基础，Bellandi（1989）强调产业区起源于小企业群与本地社区之间相互依赖的区域结构。引入 Granovetter（1985）的“嵌入性”思想，Harrison（1992）进一步指出产业区的发展模式说明经济关系总是被嵌入到一个更深层次的社会结构之中。Markusen（1996）在“第三意大利”产业集群模式的基础上又发现了其他集群发展模式，包括“轮轴式”的产业集群、“卫星平台式”的产业集群以及“国家支撑型”的产业集群。轮轴式的产业集群是指有至少一家占支配地位的垂直一体化企业，并有许多小型企业环绕在它周围；“卫星平台式”的产业集群是指地区内有许多不相关的外资企业的分支工厂；“国家支撑型”的产业集群是指通过政府的行政力量驱动的产业集群。

与新产业区理论研究的方向基本相同，Piore 和 Sabel（1984）进一步指出“第三意大利”产业区的发展主要依靠区域内大量中小企业的“灵活专业化”（Flexible Specialization）。“灵活专业化”避免了标准化和大规模生产模式的弊端，是全球生产模式的主要发展方向。在中小企业的集中区域，由于企业运行机制比较灵活、专业化程度较高，企业之间也有相当强的系统性，所以产业集群中的企业可以更灵活地适应个性化的市场需求，因此集聚区也帮助小企业在市场竞争中生存下来。“灵活专业化”的生产方式可实现供求的平衡，这也可保证整个经济体系避免经济危机的爆发。新产业区理论和灵活专业化理论在马歇尔集群理论的基础上更加强调了产业集群内部企业之间的有机联系，这一方面体现于企业间的产业分工，另一方面表现于集群企业所共同嵌入的社区文化和制度环境。

国家竞争优势理论的创始人——波特（Porter，1990，1998）把产业集群作为一个重要的研究对象，认为优势产业的集群化发展是国家竞争优势的重要来源，并强调了产业集群发展对于政府的战略性意义。波特（2005）从政策的角度对产业集群给出了较为模糊的且外延对象范围较大的定义（Martin 和 Sunley，2003），他认为产业集群是在某一特定领域内的公司及其相关机构，因共享公共品和产业互补而形成的地理上接近的相互联系的群体①。波特认为，在某国家内有优势的产业要持续创新与升级，并获得国家竞争优势主要受到该国四个方面条件的影响，即生产要素条件、需求条件、产业的关联以及市场结构和企业的战略，这四个因素相互作用最终导致国家竞争优势的形成，由这样四个因素形成的菱形分析体系被称作“钻石体系”。波特（1998）认为，“钻石体系”的基本目的就是推动一个国家的优势产业形成集群式分布，并使产业集群中呈现出由下游客户到上游供应商的垂直关联，或由市场、技术到营销网络的水平关联。通过产业集群的发展可充分获得“钻石体系”中四个要素对产业发展的支持。波特的集群概念相对模糊且偏向于政策制定，

① M. E. 波特．区位、集群与公司战略［J］//克拉克·G. L. 牛津经济地理学手册［M］．刘卫东等译．北京：商务印书馆，2005.

这引发了部分学者的批评（Martin和Sunley，2003），但由于波特产业集群概念具有一定的实用性，所以他的理论影响巨大。波特采用的集群名称（Cluster、Clustering）也成为目前产业集群有关研究中最常用的术语。

2.2.2 产业集群中的外溢效应

知识溢出是集群形成和维持的一个重要因素，同时由于知识具有默会性质（Tacitness），所以通过经常性的、面对面的交流可以使知识的流动变得更顺畅，因此，产业集群也是知识溢出的重要空间。大量的文献研究了一定区域内，尤其是产业集群中知识溢出的基本特征。

Saxenian（1994）发现了硅谷中本地生产者共享信息的案例，她发现当地的工程师喜欢到酒吧里去交流思想，甚至会相互咨询技术问题。另外，各种各样的非正式的聚集，如行业协会和兴趣俱乐部也是信息交流的重要场所，不同公司的工程师也经常在伯克利或斯坦福等大学组织的工作室中交流技术信息。Saxenian还强调，知识溢出往往发生在相互竞争的企业之间，她认为空间上的接近导致这种交流变得相对容易。然而这种技术交流不仅发生在高技术部门，在意大利北部传统工业的产业区中，地理上的相互靠近也增强了竞争者相互之间的信任程度，进而促成了合作。Pyke等（1990）指出技术工人在工会、教堂和政党这样的组织中交流信息。以上的这些案例突出了这样一个事实，即空间接近促进了非市场的关系，而这种非市场的关系，在某种程度上又是技术溢出的核心，人们通过非市场关系带来的面对面交流来共享默会知识（Tacit Knowledge）。

一些学者试图为一定区域内的知识溢出建立理论框架，Von

Hipple（1994）认为不确定的知识，或者他所说的黏性知识主要通过反复的、面对面的交流来进行传播。而信息与默会知识传播的差异主要体现在信息技术的革命不会降低信息在空间上传递的边际成本，而知识，尤其是默会知识传播的边际成本会随着社会互动、观察和沟通频度提高而降低。总的来说，地理上的接近对于知识的传播非常重要，正如 Glaeser 等（1992）指出，知识通过高速公路和街道传播，要比通过海洋在大陆之间传播容易得多。Feldman（1994a，1994b）构建了一个理论来说明区位可以消除创新行为固有的不确定性：空间接近增强了企业交换思想的能力，并使企业掌握了重要的知识，因此降低了企业开拓新领域过程中遇到的不确定性，也就是说在空间创新集群中的知识外部性降低了科学发现和商业化的成本。Feldman（1994a）认为，从事创新的企业倾向于定位在某种资源富集的地方，这些资源是由当地以往成功的创新积累下来的，这样，企业和资源都内生化了。另一些研究也支持了知识溢出受到空间的限制，尤其是局限于新知识产生的区域（Anselin、Acs 和 Varga，1997；Black，2003；Orlando，2000）。

一些学者试图依据知识在空间内的溢出，探索新的区域创新度量方法，或对现有的创新投入和产出的度量方法进行精细化。例如，Black（2003）基于美国小企业创新研究规划奖发展了一个创新的测度方法。Autant - Bernard（2001a，2001b）和 Orlando（2000）模型化了空间接近的企业在知识溢出方向的互动过程。他们的结果显示，地理空间对于知识溢出的重要性依赖于产业的相似性和地理集聚的程度。

还有一些实证研究表明，探索知识溢出在多大的空间范围内是有效的。最初较多的文献以美国的州作为分析单位，而学者近期普遍认为州的空间对于知识溢出来说太大了，一些研究试图估计出知识溢出在空间距离上的衰减（Adams 和 Jaffe，2002；Adams，2002；Wallsten，2001）。但另一些学者认为空间是组织经济行为的平台，具体地区度量空间的距离并没有抓住空间当中复杂的社会关系（Feldman，2002；Branstetter，2002）。

我们也应该注意到知识溢出对企业的影响并不是同质的（Feldman，1993）。Acs、Audretsch 和 Feldman（1994）的研究为理解为什么小企业和新企业在研发投入都很小的情况下可以获得创新性的产出提供了帮助，在他们看来，其原因是小企业充分利用了大学的研究成果和大企业的研发结果。这一研究意味着所有企业的创新性产出随着整个社会的研发投入而增长，包括私人部门的研发，也包括大学实验室中的研发。然而，私人部门的研发活动对于大企业的创新至关重要，而小企业更多地依赖于大学的研发服务。很明显，大企业更依赖于自己实验室创造出来的知识，而小企业对利用大学实验室的知识溢出具有比较优势。

Jaffe、Trajtenberg 和 Henderson（1993），Jaffe 和 Trajtenberg（2002）分析了专利之间的相互引用及知识从一个专利向另一个专利的流动。特别地，他们发现在本地区内专利的引用与空间距离关系密切，本地的专利往往更多地为本地的专利所引用。Almeida 和 Kogut（1997）研究了半导体行业的专利，发现专利引用与空间距离相关，这说明了区位和空间距离对于知识的溢出有着重要的影响。Audretsch 和 Feldman（1996）发现对于新知识扮演更重要角色的行业，创新行为更倾向于集聚。

2.3 FDI 的技术溢出与出口溢出

在全球经济发展不平衡的情况下，发展中国家如何追赶发达国家，不断缩小与发达国家的技术差距，成为各方面关注的一个重要问题。而来自发达国家的 FDI 成为全球技术扩散，并缩小国家之间经济差距的一个重要途径。对于东道国，除直接从 FDI 手中购买相关技术和专利来缩小技术差距之外，还可以通过 FDI 的一系列外溢效应而获益。但这种外溢效应是否存在，其强度如何，外溢效应发生的机制是什么，有关 FDI 外溢效应的这一系列问题，成为几十年来国际经济学和发展经济学研究中的热点话题。从 FDI 外溢的内容来看，主要包括 FDI 技术溢出和出口溢出两个方面的文献，现综述如下。

2.3.1 FDI 的技术溢出

目前，关于 FDI 的技术溢出，现有文献认为主要有以下三个方面的渠道：

（1）示范效应。FDI 的示范效应即是指这样一个过程：对于东道国，尤其是发展中国家的企业，在给定的市场中引入一种新技术会有较高的成本，也存在一定的风险，而一旦 FDI 成功地采用了这个新技术，那么东道国企业可以通过模仿 FDI 的技术来降低成本和风险。一些实证研究证实了示范效应的存在，Riedel（1975）指出，中国香港 20 世纪 60 年代在制造业部门发展的重要动力就是跨国公司产生的水平示范效应。Swan（1973）认为，跨国公司之所以重要不仅是因为它们会导致自身使用的技术产生扩散，更重要的是因为跨国公司可以加强国际交流，进而产生国际间的示范效应。Lake（1979）发现美国跨国公司在英国的分公司会比当地的公司产生更大的技术扩散效应。

同时，也有文献指出，本土企业往往不是主动地去模仿 FDI 企业的成功技术，而是 FDI 进入市场后增强了市场竞争，进而迫使本土企业采用新技术来追赶 FDI。Langdon（1981）通过研究肯尼亚的肥皂产业发现，当外国跨国公司进入肯尼亚的肥皂市场后，本土企业觉察到自己手工制作的肥皂无法与跨国公司用机器制造业的肥皂相竞争，因此为了能在市场中生存下去，也逐渐开始用机器制造肥皂。Evans（1979）研究了巴西的纺织产业，发现跨国公司在巴西销售化纤产品后导致本地棉纺织产品需求量下降，大批棉纺织企业倒闭，另一部分企业为获得更具竞争力的技术，开始寻求与外资公司进行合资。

Saggi（2002）指出，跨国公司与本地企业存在一定的竞争，当跨国公司意识到其技术有可能被本地企业模仿而削弱其竞争力的时候，跨国公司会采取措施降低其损失，如仅把低水平的技术引入东道国。Wang 和 Blomstrom（1992）建立了一个存在产品差异性的双寡头模型，试图解决这一技术扩散的困境。在他们的模型中，本土企业通过两个途径学习跨国公司的技术：一是成本较低的外溢效应；二是自身的投资，而技术在东道国扩散的速度与本地企业在学习新技术上的投资成正比，也就是说，当本土企业通过大量的投资来学习跨国公司技术时，就增强了市场竞争，这会反过来促使跨国公司不断地、更快地引入更新的技术。

（2）劳动力流动。FDI 技术的外溢不仅体现在机器设备、专利等方面，也可通过 FDI 对当地劳动力的培训而实现。Gershenberg（1987）研究了 FDI 对当地劳动力进行培训而使管理技术扩散的过程。通过41个制造业企业、72个高层和中层管理人员的职业数据，他发现相对于本土企业，跨国公司对管理人员提供了更多种类的培训，部分管理人员会跳槽到本土企业，并把相关的管理诀窍带到这些企业中来。Kats（1987）指出，在拉丁美洲，本土企业的经理往往都有在跨国公司工作的经历。Chen（1983）在研究相关技术转移的过程中，特别强调了企业培训的作用。他发现有3/4的产业，其中外资企业的培训费用远远高于本土企业，因此，他认为，FDI对中国香港制造业的最主要贡献不是新产品或新技术，而是对本土各层次劳动力的培训。

与示范效应类似，FDI也会采取措施避免本公司的员工流向作为自己竞争对手的本土企业。Glass和Saggi（2002）指出，跨国公司为避免公司员工的流失，会对员工支付一个工资溢价，而这个工资溢价可以用来粗略地度量员工可能转移出去的知识的价值，而这个溢价有可能高于或低于知识外溢的社会价值，这样技术的扩散就不一定是最优的。

（3）产业关联。以上的示范效应和劳动力流动都更多地强调FDI在同行业内的技术溢出，而近些年来，越来越多的研究集中于FDI的垂直溢出。即由于产业关联导致的溢出。Rodriguez Clare（1996）较早地讨论了FDI的垂直溢出，他指出，当FDI生产过程中密集使用中间产品，公司总部与生产工厂之间的沟通成本较高，以及母国和东道国中间产品的差异较小时，FDI产生的关联效应更有利于东道国的发展。

Lall（1980）发现在后向关联中，一些互补的经济行为会产生外溢。因此，他指出FDI可以帮助其他企业提高生产力和效率，具体体现在以下五个方面：帮助供应商建立生产设施；为提高供应商产品的质量或提升其创新而提供技术帮助或信息；提供或协助购买原材料或中间产品；在管理和组织方面提供培训；帮助供应商多元化发展。在实证研究中，Lall（1980）通过分析印度的两个卡车制造商（一个是跨国公司，另一个是合资公司），发现了以上五个方面的关联效应。他特别指出，卡车制造企业对于协助构建上游供应商非常积极，在 36 个供应商样本中，有 16 个是卡车制造商协助设立的。Behrman 和 Wallender（1976）研究了通用汽车公司（General Motors）、国际电话电报公司（ITT）和辉瑞公司（Pfizer）等几个跨国公司在东道国的经营情况，都发现了类似的产业关联，并特别强调了跨国公司与供应商之间的接触和信息交流的重要性。还有一些研究发现，跨国公司本地化的程度也会影响产业关联的强度。Reuber 等（1973）在对发展中国家跨国公司分支机构普遍调查的基础上，指出在 1970 年，在他们所调查的跨国公司中，1/3 的产品和服务采购自当地企业，但对于不同类型的跨国公司，这一点又有所不同：本地市场导向的跨国公司比出口导向的跨国公司更倾向于在当地采购商品，欧洲的跨国公司比美国和日本的跨国公司更倾向于在东道国采购商品，而在拉丁美洲和印度的跨国公司比远东的跨国公司更倾向于在当地采购配套产品。

当然，也有文献指出后向关联也可能对东道国企业产生不利影响。Aitken 和 Harrison（1999）研究了 1976～1989 年委内瑞拉的制造业，发现外国投资对东道国上游企业的发展会产生负面影响。他们指出，如果外国企业不再从东道国采购上游产品，而是从国外进口，则意味着东道国供应商无法实现潜在的规模经济。

除后向关联外，也有学者讨论了前向关联所产生的溢出效应。Blomstrom（1991）强调产业日益增长的技术复杂度，这一方面意味着只有跨国公司可以支付得起研发的成本；另一方面，以计算机为基础的自动化和信息化的产业应用需要从设备制造商那里获得相关的技术。他认为这有利于促进跨国公司与其下游客户之间的交流和互动，尤其是对于小国家来说更是如此。Aitken 和 Harrison（1999）也发现前向关联对于大多数产业来说是很重要的，而且他们认为对东道国来说，前向关联比后向关联会产生更大的溢出效应。

2.3.2 FDI 的出口溢出

关于 FDI 对东道国的技术溢出已经有了非常丰富的大量研究，近年来，又有不少学者开始关注 FDI 对东道国企业出口的影响。由于 FDI 来自国外，同时 FDI 企业往往是出口导向型企业，所以 FDI 在东道国的出口行为可能会对当地企业产生示范效应，即 FDI 各方面的出口信息会传递给东道国企业，同时 FDI 也可能通过促进当地企业技术的提升而促进这些企业的出口。由于出口需要支付一定的固定成本，而 FDI 的进入可能帮助当地企业降低这一成本，从而增加出口。根据现有的研究，FDI 对当地企业的出口溢出主要通过以下几个渠道。

首先是信息渠道，即当地企业可以直接观察到 FDI 的出口行为，通过模仿和学习，从事对外出口，或增加出口。Aitken 等（1997）较早地研究了 FDI 的出口溢出，并强调了 FDI 产生的信息外部性对当地企业出口的重要影响。他们指出，由于 FDI 企业往往在努力开拓多个国外市场，所以其对国外市场、消费者以及技术都非常熟悉，而当 FDI 所掌握的信息传递给东道国企业时，就会促进这些企业的出口。Aitken 等列举了由于外资进入而导致孟加拉国企业出口的例子。由于韩国服装企业的进入，孟加拉国本国产生了大量的服装出口企业，以至于服装出口成为孟加拉国主要的外汇来源。

其次，出口溢出的第二条途径则是间接的，即来自 FDI 的生产率溢出，也就是技术溢出，这方面的文献前面已经做了介绍，此处不再赘述。FDI 对本土企业的技术溢出有利于提升本土企业的技术水平，降低其成本或开发新产品，从而在国际市场上具有更强的竞争力。技术溢出可以间接地促进本国企业的出口。

最后，FDI 对东道国企业出口溢出的第三个途径是竞争效应。外资企业的进入有可能会与东道国同行业的企业产生竞争，一方面，这种竞争会抢占国内企业的市场份额，不利于国内企业发展；另一方面，激烈的市场竞争可能激发东道国企业为了能在市场中生存而改进技术，不断提升管理水平进而提高效率。Aitken 和 Harrison（1999）指出，虽然外资企业的进入导致了东道国企业平均成本曲线整体下降，但在企业具有固定的生产成本的情况下，由于外资企业技术水平较高，所以其边际成本比东道国企业更低，也就有动力扩大生产，当东道国企业产量下降时，其平均成本又会上升，这样东道国企业就不能充分实现规模经济。外资企业对东道国企业的最终净效应要看两方面力量的对比。

在实证研究方面，Willmore（1992）研究了外国企业对本国企业进出口的影响，她利用巴西 17053 家企业的截面数据，发现外国企业对当地企业的进出口都有明显的影响。Aitken 等（1997）利用墨西哥 1986～1990 年的制造业企业数据，在控制了本国产业集聚对出口的影响后，发现企业出口受到外资企业地区集聚的正的影响。Greenway 等（2004）检验了英国 FDI 的出口溢出效应。他们利用 5 年的混合面板数据，检验了 FDI 出口溢出的三个渠道，即信息渠道、竞争渠道以及技术溢出渠道。Kneller 和 Pisu（2007）进一步检验了

FDI 在英国的出口溢出效应，并区分了水平的出口溢出和垂直的出口溢出，最后证实英国存在显著的 FDI 出口溢出效应。Swenson（2007）采用 1997～2003 年的中国数据，研究了 FDI 企业对中国私营企业的出口溢出，发现 FDI 的出口行为对中国私营企业的国际贸易有促进作用，并且 FDI 对本行业国内企业的影响作用更大。事实上并不是所有的实证研究都得到了 FDI 会形成正向出口溢出的结论。Ruane 和 Sutherland（2005）研究了在爱尔兰 FDI 对当地企业出口的影响，发现 FDI 对当地企业是否出口的决策有正的影响，但对本土企业出口密集度的影响却是负的。Barrios（2003）研究了在西班牙 FDI 对国内企业出口的影响，发现虽然 FDI 的研发活动有利于本土企业出口，但 FDI 的出口行为对本土企业出口没有明显的促进作用。Sun（2009）利用 2000～2003 年中国文化、教育和体育用品企业的数据发现，FDI 对国内企业的出口行为有明显的促进作用，但 FDI 出口溢出的大小受到企业所处地域的限制。

2.4 异质性企业贸易理论

为什么 FDI 会促进本土企业出口？对于这个问题，经典的贸易理论难以给出回答。以要素禀赋为基础的新古典贸易理论认为国家之间的贸易主要取决于要素禀赋差异导致的国家之间不同行业的成本差异，通过贸易可促进双方的利益；同时，以规模经济和不完全竞争为基础的产业内贸易理论认为国际贸易既可帮助企业实现规模经济，也可满足各国消费者的多样化偏好，这样，贸易不仅可以发生在行业之间，两个国家就同行业的不同产品也可以进行贸易。无论是新古典贸易理论还是产业内贸易理论都把产业作为研究的对象，同时假定企业是同质的，但事实上是在符合比较优势和产业内贸易条件的情况下，某国某一行业内也并不是所有的企业都从事对外出口业务。进一步地，为什么接受到 FDI 溢出的企业就更可能出口，而没有接受到 FDI 溢出的企业出口的可能性就降低？这样的问题，以上两个方面的贸易理论都难以给出令人满意的答案。近年来，异质性企业贸易理论从企业异质的角度出发研究了企业之间贸易行为的差异，有助于我们理解 FDI 的出口溢出，现对该方面的理论综述如下：

Melitz（2003）首先提出了系统的异质性企业贸易理论，在 Hopenhayn（1992）研究框架的基础上，以迪克西特—斯蒂格利茨垄断竞争模型（Dixit - Stiglitz Model）为基础建立了一个容纳企业异质性的动态产业模型。在该模型中，企业要从事出口就必须支付一个固定成本，每个企业的生产力水平是外生随机决定的，企业生产力分布形成之后，模型中会内生地形成出口所需要的生产力门槛，根据此门槛，生产力较高的企业选择出口，而生产力较低的企业不从事出口，甚至退出行业，最终形成了行业的平均生产力水平。模型会产生两个方面的效应：第一，出口提高了企业的预期利润，于是吸引企业进入并推高了企业生产的门槛，促使低效率的企业被逐出市场，这样一来，行业的平均生产力就提高了；第二，出口使生产力最高的企业扩张，而使生产力水平较低的企业收缩，造成了资源在企业之间的重新配置，而这种配置过程也提高了行业的生产力水平。Melitz（2003）的模型是以出口作为关键因素，把企业异质性与产业生产力联系起来的重要模型，有助于我们理解宏观层面的出口与经济增长的关系。

目前，Melitz（2003）的核心模型已经通过多种方式得到了拓展。Helpman、Melitz 和 Yeaple（2004）在 Melitz（2003）的模型中引入了企业是否建立海外分支机构的决策行为。Melitz 和 Ottaviano（2008）研究了在自由贸易的情况下，不同规模的国家中市场竞争的结果。他们发现，大国内部的竞争更激烈，产品选择也更大，平均生产力更高，但大国内部企业生存率也较低，这是因为新进入者有更高的失败的可能性，因此贸易自由化提高了各国的总体生产力水平，但相对来说，大国生产力水平提高的幅度较低。

Bernard、Redding 和 Schott（2007）把异质性企业与 Helpman 和 Krugman（1985）的不完全竞争和规模经济假设以及赫克歇尔—俄林模型中的要素禀赋差异联系起来，模型对通过企业引起产业间资源的再配置结果进行了预测。Bernard、Redding 和 Schott（2003）发展了一个模型来解释企业退出衰亡产业的转换过程。虽然在他们的模型中经济体是封闭的，但生产力水平仍然是非常重要的，模型中产品转换依赖于生产不同产品的固定成本和生产力的异质性，生产力水平更高的企业内生地以更高的沉没成本来选择生产某种产品。虽然本书没有国际竞争对于企业选择的影响，但对外开放程度提高所产生的效应是很容易被发现的，企业会去生产它们具有比较优势的产品，而避免在其不具优势的行业与国外企业竞争。如 OECD 国家更可能采用成本较高的技术，这又依赖于企业的生产力。

2.5 文献评述与本书的研究逻辑

2.5.1 FDI 出口溢出与产业集群

本书的重点是探索 FDI 在产业集群中的出口溢出的规律和特征，

那么首先遇到的问题就是 FDI 在集群中的出口溢出效应是不是比其他空间范围更强，如果 FDI 在集群中的出口溢出效应与其他空间范围的溢出效应差异不大，则在集群范围内研究 FDI 出口溢出的意义就不大。而要弄清楚引入产业集群对于 FDI 出口溢出研究的意义，就首先需要把 FDI 出口溢出与空间距离联系起来。由 FDI 溢出的文献我们可以看出，无论是 FDI 的技术溢出还是出口溢出，知识的溢出都扮演着最重要的角色。虽然目前知识产权的保护越来越得到社会的重视，但知识总是具有一定的外部性，由于发达国家与发展中国家之间在技术和管理上存在较大差距，所以发达国家携带丰富技术和知识的跨国企业对发展中国家的知识溢出就显得愈加突出。同时，根据产业集群与知识外溢的文献，我们发现知识溢出受到空间的限制，即经济主体之间的空间距离越接近，知识溢出的效果就越强，FDI 的知识溢出也不例外。目前 FDI 技术溢出与空间的关系已经有文献进行了研究，但 FDI 出口溢出是否与空间存在密切的关系，还没有文献进行系统的讨论。因此，本书首先着手验证 FDI 出口溢出与空间的关系，从而证明在集群范围内研究 FDI 出口溢出具有重要的意义，进而说明 FDI 的出口溢出在集群内具有更明显的效果。

2.5.2 集群中 FDI 出口溢出的渠道和影响因素

根据以上的文献综述，由于现有文献没能系统关注 FDI 出口溢出与空间范围的关系，没有把 FDI 出口溢出的视野引到集群中来，那么对于集群中 FDI 出口溢出的机制，现有文献也没有给予研究。而本书在集群中 FDI 的出口溢出具有更强的效果之后，把研究 FDI 在集群中出口溢出的机制作为一个主要的任务，即通过哪些渠道溢出，又受到哪些因素影响。具体来说，就是 FDI 在集群中会通过哪些途径实现出口溢出，而出口溢出又会受到集群的哪些特征的影响。

关于FDI出口溢出的渠道，根据前面的综述，现有文献认为主要有三个方面，即信息渠道、技术溢出渠道和竞争渠道。由于在探索FDI溢出机制时，我们研究的空间范围主要是产业集群，所以竞争渠道可以不予考虑。这是因为本土企业与FDI之间的竞争，不论是国内市场还是海外市场，与二者之间的空间距离都关系不大。对于国内市场来说，中国的市场化程度越来越高，市场分割程度越来越小，对于全国统一的大市场，FDI与其所处集群内的本土企业及与集群外的本土企业所形成的竞争差别不大。而对于海外市场，FDI与国内的出口企业也面临着相同的港口和运输条件，面对欧美等主要市场，相对于远洋运输的距离，FDI与国内企业之间的距离可以忽略不计。因此，在本书中，我们主要关注FDI出口溢出的信息渠道和技术渠道，试图了解在集群中FDI出口溢出主要通过哪一个渠道实现。

要探索清楚FDI在集群中出口溢出的机制，还需要把握集群内部结构对于FDI出口溢出的影响，尤其是要把握集群中FDI企业结构对于出口溢出的影响。在这方面，本书主要关注FDI企业群的市场集中度、FDI的来源结构以及FDI的股权结构这几个FDI企业群体的重要特征。通过研究这几个特征对于FDI出口溢出的影响，有助于深入地理解FDI对本土企业出口影响的具体机制。

总体来说，虽然现有文献对集群中的知识溢出以及FDI的技术和出口溢出都进行了深入的研究，但目前FDI出口溢出的研究还没有把空间因素纳入进来，那么也就不能让我们对集群中FDI的出口溢出有深入的理解。因此，本书将吸收已有文献的成果集中探索集群中FDI出口溢出的效果和机制。

2.6 小结

知识溢出、产业集群、FDI 溢出效应以及异质性企业贸易理论的文献为我们研究产业集群中 FDI 的出口溢出提供了很好的理论基础。由于出口业务需要支付固定成本，FDI 通过信息、技术外溢和竞争效应三个渠道对本国企业产生溢出，帮助本国企业提升生产率或节约固定成本，进而采取出口行动或增加出口量，同时，产业集群中企业密集程度较高，企业之间的外部性更明显，因此 FDI 在产业集群中的出口溢出效应可能更为明显，其出口溢出的机制也可能具有自身的特点。但目前的文献还没有把空间距离系统地引入 FDI 出口溢出的分析当中，这样也就不能给出可靠的证据证明集群中出口溢出的效应更强，或者出口溢出与空间距离有明显的相关性。进一步地，现有的文献也就没能探讨集群中出口溢出的渠道究竟如何，集群内部的结构究竟对出口溢出产生什么影响。本书拟在已有文献的基础上把空间距离引入 FDI 出口溢出的分析中，以证明研究在集群中 FDI 出口溢出具有重要的意义，进而通过探索集群中出口溢出的渠道以及集群结构对溢出效应的影响来研究 FDI 在集群中出口溢出的特殊机制，以期对现有理论有所推进。

3 产业集群、FDI及企业出口的现状

3.1 产业集群的度量

产业集群是同一行业的企业在同一地区的集聚（Schmitz，1995）。因此，本书主要从地区、行业以及企业数量三个维度来度量产业集群。在地区方面，本书以县级行政区为集群的空间范围，王珺和郭惠武（2012）的研究与本书不同，在他们的文章中，产业集群是以乡镇为空间范围的，但本书主要的研究对象是 FDI 的出口溢出。本书认为 FDI 的出口溢出虽然与空间距离关系密切，但其在县级行政区的空间中仍然具有较强的辐射能力，而且如果以乡镇为考察单位，则可能集群中的 FDI 数量过小，这样就难以得到比较准确的实证结果。在行业方面，本书以三位数行业来界定集群中所谓的“同行业”，根据 2002 年颁布的行业标准［国民经济行业代码（GB/T 4754—2002）］三位数行业共 167 个。由于三位数行业产品相似，产品的要素投入也具有相似性，所以出口溢出在三位数行业中的效应可能比较强，两位数行业比较宽，行业内的企业差异较大，出口

溢出比较难，而四位数行业又比较窄，会漏掉一部分溢出效应，因此选择三位数行业是合适的。对于集群内的企业数量，本书也采取与王珺和郭惠武（2012）类似的方法，即对县区范围内三位数行业的企业数量进行聚类分析，聚类的分界点就作为集群的分界点。经过聚类分析，2005 年的集群分界点为 39，即当某县级行政区内某三位数行业的企业数量达到 39 个，就认定其为一个产业集群；2006 年集群的分界点为 45；2007 年的分界点为 49。为增大集群的样本数量，我们统一采用 39 作为集群企业数量的分界点。在以下章节的计量分析中，根据不同的情况又会缩小样本范围。下面根据集群的度量方法，对 2005 ~ 2007 年我国产业集群、FDI 以及企业出口的状况做一描述。

本书所利用的数据来自国家统计局的中国工业企业数据库，数据库中包括全部国有和规模以上非国有企业的相关数据，从企业指标的完善性考虑，本书使用 2005 ~ 2007 年的数据，由于本书所需要验证的结论与经济的发展时期关系不大，所以选取这三年的数据是合适的。

3.2 产业集群发展现状

3.2.1 全国情况

根据上一节产业集群的识别方法，本书对全国的产业集群现状进行了一些基本的统计。由表 3 – 1 可以看出，2005 ~ 2007 年我国制造业产业集群的发展是比较迅速的。当以 39 为集群的企业数量边界时，

2005 年有 579 个产业集群，2006 年为 673 个，而 2007 年则上升至 768 个，集群中的企业数量也由 2005 年的 43466 家上升至 60549 家。同时，集群中企业的销售收入有较大幅度的上升，由 2005 年的 32683 亿元上升至 2007 年的 54673 亿元。集群中企业在全国的企业数量比重由 2005 年的 0. 1731 上升至 2007 年的 0. 1938，而销售收入比重由 2005 年的 0. 1532 上升至 2007 年的 0. 1575。

表 3 -1　制造业产业集群总体情况

年份	2005	2006	2007
集群数量（个）	579	673	768
集群企业数量（家）	43466	52007	60549
集群企业销售收入（亿元）	32683	42859	54673
全国企业数量（家）	251044	278729	312366
全国销售收入（亿元）	213392	269556	347151
企业数量比重	0. 1731	0. 1866	0. 1938
销售收入比重	0. 1532	0. 1590	0. 1575

资料来源：根据中国工业企业数据库计算而得。

3. 2. 2　行业维度

下面我们从行业的维度具体看一下产业集群的现状。由表 3 -2 可以看出，在 29 个制造业中，纺织业 2005 ~2007 年的产业集群数量、集群企业数量都是最多的。2005 年纺织业的集群数量达到 99 个，2007 年上升到 124 个；集群中的企业数量由 2005 年的 8638 家上升至 2007 年的 12264 家；集群的产品销售收入也由 2005 年的 4690 亿元上升至 2007 年的 7430 亿元。纺织服装、鞋、帽制造业的集群数量位居第二，2005 年纺织服装、鞋、帽制造业的集群数量是 70 个，2007 年是 85 个。除这两个行业之外，集群数量比较多的行

表 3-2 各行业产业集群基本情况

行业	2005 年			2006 年			2007 年		
	集群数量（个）	集群企业数量（家）	集群企业销售收入（亿元）	集群数量（个）	集群企业数量（家）	集群企业销售收入（亿元）	集群数量（个）	集群企业数量（家）	集群企业销售收入（亿元）
农副食品加工业	8	627	540	14	966	783	20	1300	1172
纺织业	99	8638	4690	111	10563	5922	124	12264	7430
纺织服装、鞋、帽制造业	70	5937	2569	77	6686	3321	85	7549	4048
皮革、毛皮、羽毛（绒）及其制品业	29	2578	1265	36	3098	1616	39	3346	2015
木材加工及木、竹、藤、棕、草制品业	8	717	220	10	898	337	14	1315	553
家具制造业	6	347	172	8	491	275	11	620	362
造纸及纸制品业	12	1121	527	11	1094	653	11	985	594
印刷业和记录媒介的复制	13	902	303	14	980	358	14	1040	380
文教体育用品制造业	8	497	231	8	539	261	9	550	224
石油加工、炼焦及核燃料加工业	1	43	4	2	137	26	1	82	13
化学原料及化学制品制造业	20	1289	605	27	1762	952	29	1986	1345
化学纤维制造业	5	320	682	5	339	922	6	454	1132
橡胶制品业	2	141	45	3	199	76	4	229	90

续表

行业	2005年			2006年			2007年		
	集群数量（个）	集群企业数量（家）	集群企业销售收入（亿元）	集群数量（个）	集群企业数量（家）	集群企业销售收入（亿元）	集群数量（个）	集群企业数量（家）	集群企业销售收入（亿元）
塑料制品业	21	1463	625	26	1759	786	23	1667	781
非金属矿物制品业	37	2947	1425	39	3235	1958	47	3799	2736
黑色金属冶炼及压延加工业	12	773	1518	10	717	1725	12	870	3437
有色金属冶炼及压延加工业	4	293	316	6	404	507	5	371	606
金属制品业	36	2114	963	43	2640	1378	50	3249	1813
通用设备制造业	42	2554	935	51	3318	1394	71	4722	2179
专用设备制造业	14	762	383	16	930	456	18	1135	611
交通运输设备制造业	35	2144	3632	44	2763	4887	53	3573	7195
电气机械及器材制造业	44	3464	2838	48	3988	3731	51	4455	4495
通信设备、计算机及其他电子设备制造业	29	2359	7730	36	2773	9791	38	2844	10391
仪器仪表及文化、办公用机械制造业	7	378	181	6	331	226	7	394	292
工艺品及其他制造业	17	1058	285	22	1397	519	26	1750	780

资料来源：根据中国工业企业数据库计算而得。

业有：电气机械及器材制造业 2005 年有 44 个集群，2007 年为 51 个；通用设备制造业 2005 年有 42 个集群，2007 年增加至 71 个。非金属矿物制品业、金属制品业以及交通运输设备制造业等重工业行业也有大量的集群。通信设备、计算机及其他电子设备制造业也有一定量的产业集群，2005 年为 29 个，2007 年上升至 38 个，同时该行业集群中的销售收入在 29 个制造业中是最大的，2005 年为 7730 亿元，2007 年为 10391 亿元，这说明了通信设备、计算机及其他电子设备制造业企业平均规模较大，并且在这几年间，产业的成长速度较快。食品制造业、饮料制造业、烟草制造业以及医药制造业，在全国分布比较分散，没有产业集群。同时，石油加工、炼焦及核燃料加工业、橡胶制品业、有色金属冶炼及压延加工业的产业集群也较少。

3.2.3 地区维度

从产业集群的地区维度来看，由表 3－3 可以看出，产业集群更多地集中于东部发达省份。从集群的数量来看，浙江和广东的产业集群数量最多，2005 年广东的产业集群有 150 个，多于浙江的 145 个，但 2007 年广东的产业集群仅略有增加，为 158 个，而浙江的产业集群数量上升至 219 个。尽管如此，广东省产业集群中的销售收入在全国始终是最大的，2007 年广东集群企业的数量为 13207 家，企业销售收入为 15031 亿元，而浙江的集群企业数量为 19054 家，销售收入仅为 9590 亿元，说明浙江集群中企业的规模比广东集群企业的规模小很多。另外，集群数量比较多的省份江苏 2005 年集群数量为 80 个，2007 年上升至 115 个；上海 2005 年集群数量为 59 个，2007 年上升至 68 个。此外，山东、福建的产业集

表3-3 各省份产业集群的基本情况

地区	2005年			2006年			2007年		
	集群数量（个）	集群企业数量（家）	集群企业销售收入（亿元）	集群数量（个）	集群企业数量（家）	集群企业销售收入（亿元）	集群数量（个）	集群企业数量（家）	集群企业销售收入（亿元）
北京	16	835	684	16	813	751	15	803	938
天津	8	479	623	8	551	574	7	485	695
河北	12	642	522	10	585	574	11	642	728
辽宁	7	366	268	17	1017	721	22	1440	1171
吉林	2	92	140	2	111	170	2	133	339
上海	59	3490	2749	58	3427	3589	68	4044	4664
江苏	80	5592	5493	96	7188	7481	115	9340	11298
浙江	145	12392	5539	181	15544	7262	219	19054	9590
安徽	1	41	55	2	99	275	2	121	369
福建	33	2810	1181	36	3102	1572	39	3415	2149
江西	2	96	30	2	166	43	3	221	89
山东	37	2549	1670	48	3488	2598	63	4575	3878
河南	6	474	285	6	491	408	13	860	927
湖北	4	184	723	4	212	873	5	294	959
湖南	6	545	154	10	746	235	9	808	362
广东	150	12277	11875	163	13647	14772	158	13207	15031
广西	1	40	95	1	41	108	3	143	361
重庆	7	384	552	8	458	767	8	586	975
四川	2	135	39	3	184	57	5	296	136
陕西	1	43	4	2	137	26	1	82	13

资料来源：根据中国工业企业数据库计算而得。

群数量也比较多，2007 年山东有 63 个产业集群，福建有 39 个产业集群。根据本书的计算方法，新疆、宁夏、青海、甘肃、西藏、云南、贵州、海南、黑龙江、内蒙古和陕西等省份没有产业集群，安徽、吉林、江西的产业集群数量也较少。

3.3 FDI 的现状

3.3.1 总体情况

由于本书的主题是 FDI 在集群中的出口溢出，所以我们需要了解一下 2005 ~2007 年 FDI 的基本情况。本书中的 FDI 企业是根据企业登记注册类型、国有控股情况以及企业实收资本的来源结构等几个方面综合确定的。对于股份制企业，如果外资资本的比重大于 50%，我们就认定此企业是一家 FDI 企业。由表 3 -4 可以看出，在全部制造业中，2005 年有 55773 家 FDI 企业，2006 年为 60172 家，2007 年达到 66615 家，在全部制造业中的比重分别为 0.2222、0.2159 和 0.2133。FDI 企业销售收入 2005 年为 75869 亿元，2007 年为 121415 亿元，在全部制造业中的比重由 2005 年的 0.3555 降至 2007 年的 0.3497。从 FDI 企业的来源结构来看，外资企业[①]的数量略大于港澳台企业的数量，2005 年外资企业数量为 28166 家，2007 年为 35020 家，而港澳台企业在 2005 年是 27307 家，2007 年是 31595 家。港澳台企业的销售收入比外资企业小很多，在 2006 年和

① 这里的外资企业是指除港澳台企业之外的外资企业，为方便起见，采用这一名称。

2007 年外资企业的销售收入都是港澳台企业销售收入的两倍以上，考虑到二者企业数量相近，所以外资企业的规模要大于港澳台企业。

表 3－4 制造业 FDI 的基本情况

年份	2005	2006	2007
企业总数（家）	251044	278729	312366
FDI 企业数量（家）	55773	60172	66615
外资企业数量（家）	28466	31278	35020
港澳台企业数量（家）	27307	28894	31595
全部企业销售收入（亿元）	213392	269556	347151
FDI 企业销售收入（亿元）	75869	96356	121415
外资企业销售收入（亿元）	49740	64682	81640
港澳台企业销售收入（亿元）	26130	31674	39775
FDI 企业数量占全国比重	0. 2222	0. 2159	0. 2133
FDI 企业销售收入占全国比重	0. 3555	0. 3575	0. 3497

资料来源：根据中国工业企业数据库计算而得。

3. 3. 2 行业维度

下面从行业维度来看 FDI 的基本情况。由表 3－5 可以看出，在 29 个制造业中，纺织业和纺织服装、鞋、帽制造业的 FDI 企业数量比较多，2005 年纺织业 FDI 企业数量为 5026 家，纺织服装、鞋、帽制造业有 5128 家，2007 年纺织业的 FDI 企业数量达到 5617 家，纺织服装、鞋、帽制造业的企业数量达到了 6055 家，大于纺织业的企业数量，但纺织服装业的销售收入小于纺织业，2005 年纺织业 FDI 的销售收入为 3136 亿元，2007 年为 4340 亿元，而纺织服装业 2005 年的销售收入为 2252 亿元，2007 年为 3331 亿元。通信设备、计算机及其他电子设备制造业的 FDI 企业数量也很大，2005 年为 4658 家企业，2007 年达到 5788 家，超过了纺织业，跃居第二位，同时该行业的销售收入是制造业中最大的，在 2005 年就达到了 22422 亿元，到 2007 年已经达到 32470 亿元，几乎是纺织服装业的 10 倍。除此之外，电气机械及器材制造业、塑料制品业、化学原料及化学制品制造业以及通用设备制造业都有较大数量的 FDI 企业。烟草制造业的外资企业最少，石油加工、炼焦及核燃料加工业，化学纤维制造业，黑色金属冶炼及压延加工业，有色金属冶炼及压延加工业，饮料制造业的 FDI 企业数量较少。

表 3－5　各行业 FDI 的基本情况

行业	2005 年		2006 年		2007 年	
	FDI 企业数量（家）	FDI 销售收入（亿元）	FDI 企业数量（家）	FDI 销售收入（亿元）	FDI 企业数量（家）	FDI 销售收入（亿元）
农副食品加工业	2146	3022	2333	3578	2483	4904
食品制造业	1309	1394	1399	1859	1491	2376
饮料制造业	578	1139	653	1516	724	1857
烟草制品业	6	9	7	11	6	11
纺织业	5026	3136	5323	3674	5617	4340
纺织服装、鞋、帽制造业	5128	2252	5459	2705	6055	3331
皮革、毛皮、羽毛（绒）及其制品业	2504	1768	2609	2131	2716	2497
木材加工及木、竹、藤、棕、草制品业	920	408	946	492	1033	644
家具制造业	1053	769	1153	940	1266	1110
造纸及纸制品业	1243	1278	1302	1627	1396	2183
印刷业和记录媒介的复制	673	458	687	538	729	635
文教体育用品制造业	1619	896	1664	1070	1802	1254
石油加工、炼焦及核燃料加工业	162	1253	175	1540	198	2212
化学原料及化学制品制造业	3058	4162	3317	5470	3682	7463

续表

行业	2005年		2006年		2007年	
	FDI企业数量（家）	FDI销售收入（亿元）	FDI企业数量（家）	FDI销售收入（亿元）	FDI企业数量（家）	FDI销售收入（亿元）
医药制造业	897	979	960	1195	1043	1519
化学纤维制造业	276	703	289	923	304	1185
橡胶制品业	748	830	793	961	853	1201
塑料制品业	3355	2122	3540	2574	3897	3155
非金属矿物制品业	2442	1636	2596	2117	2855	2773
黑色金属冶炼及压延加工业	497	2739	550	3594	585	4780
有色金属冶炼及压延加工业	645	1206	721	2054	773	2801
金属制品业	2812	2389	3121	2956	3577	3873
通用设备制造业	3004	2983	3317	3789	3896	5012
专用设备制造业	2011	1528	2321	2095	2791	2867
交通运输设备制造业	2077	6550	2438	9106	2834	12115
电气机械及器材制造业	3853	5204	4152	6817	4631	8906
通信设备、计算机及其他电子设备制造业	4658	22422	4995	27702	5788	32470
仪器仪表及文化、办公用机械制造业	1237	1827	1354	2301	1472	2674
工艺品及其他制造业	1836	804	1998	1020	2118	1270

资料来源：根据中国工业企业数据库计算而得。

3.3.3 地区维度

从FDI在各地的分布来看，由表3－6可以看出，广东的FDI企业数量最多，2005年为15611家，2006年为16006家，2007年达到17981家，同时广东FDI的销售收入也是最大的，2005年为21279亿元，2007年达到31946亿元。其次是江苏，2005年江苏的FDI企业数量达到7499家，2007年上升至9800家，销售收入也由2005年的

12821 亿元上升到 2007 年的 21759 亿元。浙江的 FDI 企业数量也较大，2007 年达到了 8522 家，但浙江 FDI 的销售收入规模较小，2005 年为 5521 亿元，2007 年为 9305 亿元，说明其 FDI 企业的规模较小。相比之下，上海的 FDI 企业规模就比较大，2007 年上海的 FDI 企业数量为 5850 家，但其销售收入达到 14444 亿元。另外，福建和山东的 FDI 企业数量也较大。中西部省份 FDI 企业数量和销售收入比较小。

表 3－6　各省份 FDI 基本情况

省份	2005 年		2006 年		2007 年	
	FDI 企业数量（家）	FDI 企业销售收入（亿元）	FDI 企业数量（家）	FDI 企业销售收入（亿元）	FDI 企业数量（家）	FDI 企业销售收入（亿元）
北京	1306	2999	1385	3913	1435	4441
天津	1590	3428	1912	4465	1986	4906
河北	962	1553	1009	2146	1039	2868
山西	112	174	127	198	149	341
内蒙古	127	301	143	380	167	573
辽宁	2154	2264	2481	3014	2754	3801
吉林	259	742	301	1025	369	1418
黑龙江	194	331	212	384	240	500
上海	5569	9983	5524	11950	5850	14444
江苏	7499	12821	8402	16588	9800	21759
浙江	6728	5521	7635	7436	8522	9305
安徽	474	559	592	723	673	1020
福建	4893	4442	5252	5335	5546	6519
江西	488	324	565	482	660	743
山东	4661	4887	5170	6522	5681	9094
河南	412	529	438	753	498	1121
湖北	591	1318	664	1627	752	2013
湖南	394	339	498	444	526	585
广东	15611	21279	16006	26209	17981	31946
广西	376	520	423	689	463	878
海南	92	93	97	192	88	449

续表

省份	2005年		2006年		2007年	
	FDI企业数量（家）	FDI企业销售收入（亿元）	FDI企业数量（家）	FDI企业销售收入（亿元）	FDI企业数量（家）	FDI企业销售收入(亿元)
重庆	180	440	191	611	213	880
四川	490	471	515	600	560	877
贵州	106	47	109	58	93	70
云南	177	151	178	180	194	239
西藏	1	2	1	2	1	2
陕西	171	197	189	260	203	412
甘肃	45	43	45	47	49	54
青海	16	11	17	9	17	11
宁夏	32	63	33	71	42	87
新疆	63	39	58	44	64	58

资料来源：根据中国工业企业数据库计算而得。

3.3.4 集群维度

本书关注的重点是集群中FDI的出口溢出效应，因此需要了解一下集群中FDI的基本情况，表3-7给出了以39个企业为集群界限时集群中的FDI现状。2005年集群中共有13164家FDI企业，2006年为14679家，2007年上升至14966家，FDI的销售收入也由2005年的16491亿元上升至2007年的25097亿元。FDI职工人数增幅不大，由2005年的5736374人，上升至6102067人。FDI的出口额上升幅度较大，由2005年的8654亿元上升至2007年的13155亿元。2007年集群中FDI企业数量占全部FDI企业数量的比重为0.2247，销售收入占比为0.2067，集群中FDI企业数量在集群中的比重由2005年的0.3029降为2007年的0.2472，销售收入占比也由2005年的0.5046降为2007年的0.4590。FDI在集群中比重的下降说明集群中国内企业的发展速度快于FDI企业。另外，表3-1中集群中企业占全部企业的比重低于表3－7中集群内FDI企业占全部FDI企业的比重，这说明FDI更倾向于集聚在产业集群之中，由图3－1和图3－2可以更清楚地看到这一点。

表3－7　集群中FDI的基本情况

年份	2005	2006	2007
FDI企业数量（家）	13164	14679	14966
FDI销售收入（亿元）	16491	21588	25097
FDI职工人数（人）	5736374	6557707	6102067
FDI出口总额（亿元）	8654	12457	13155
全部FDI企业数（家）	55773	60172	66615
全部FDI销售收入（亿元）	75869	96356	121415
集群企业数量（家）	43466	52007	60549
集群企业销售收入（亿元）	32683	42859	54673
企业数量占全部FDI比重	0.2360	0.2440	0.2247
销售收入占全部FDI比重	0.2174	0.2240	0.2067
企业数量占集群比重	0.3029	0.2823	0.2472
销售收入占集群比重	0.5046	0.5037	0.4590

资料来源：根据中国工业企业数据库计算而得。

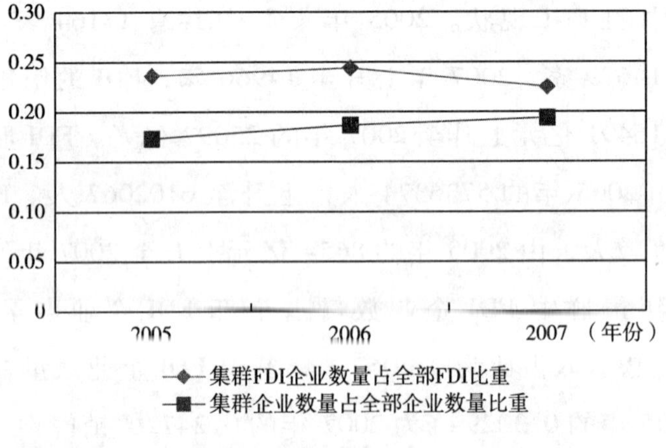

图3－1　集群企业和集群FDI企业数量比重对比

资料来源：根据中国工业企业数据库计算而得。

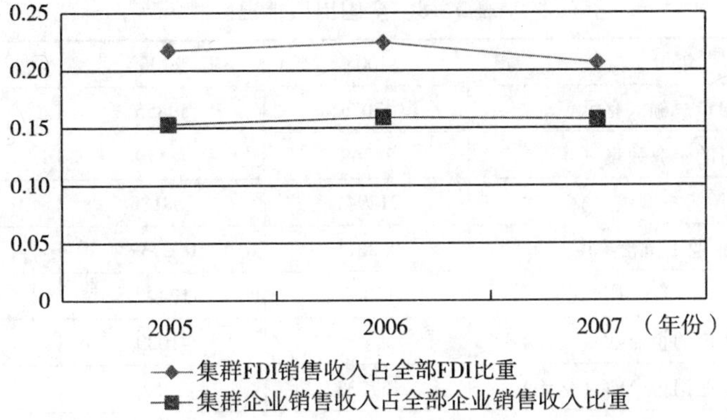

图3-2 集群企业和集群FDI企业销售收入比重对比

资料来源：根据中国工业企业数据库计算而得。

3.4 企业出口现状

3.4.1 全国情况

下面我们对全国的出口情况做一介绍。由表3-8可以看出，2005年全部制造业企业出口交货值为47076亿元，2007年上升至72877亿元，全国出口额大于0的企业，2005年有74368家，到2007年为78772家，制造业企业的出口密集度由2005年的0.2211降为0.2107。国内企业的出口总额在2005年为13842亿元，2007年为21220亿元。国内企业的出口额大于0的企业数量2005年为39454家，2007年为38445家。国内企业的出口密集度由2005年的0.2875降为2007年的0.1711。

表 3-8 全国出口情况

年份	2005	2006	2007
全国出口总额（亿元）	47076	59855	72877
全国出口的企业数量（家）	74368	78179	78772
全国工业销售总产值（亿元）	212941	268185	345819
全国企业出口密集度	0.2211	0.2232	0.2107
国内企业出口额（亿元）	13842	17429	21220
国内企业出口的企业数量（家）	39454	41039	38445
国内企业工业销售产值（亿元）	137233	172527	224689
国内企业出口密集度	0.2875	0.2379	0.1711

资料来源：根据中国工业企业数据库计算而得。

3.4.2 集群维度

我们再看一下集群中的出口情况。由表 3-9 可以看出，2005 年集群中的出口总额为 12035 亿元，2007 年上升至 18526 亿元，2005 年集群内出口额大于 0 的企业有 19662 家，2007 年上升至 22839 家。集群内企业的出口密集度较高，2005 年为 0.6113，而 2007 年下降至 0.4217。集群中国内企业的出口额 2005 年为 3381 亿元，2007 年上升至 5370 亿元，集群内国内企业出口额大于 0 的企业数目也由 2005 年的 9805 家上升至 2007 年的 12476 家。集群内国内企业的出口密集度 2005 年为 0.6124，2007 年下降至 0.4225。由图 3-3 可以看出，集群内的企业都具有较高的出口密集度，从一个方面说明了研究集群内 FDI 出口溢出的必要性。

表 3-9 集群出口情况

年份	2005	2006	2007
集群出口总额（亿元）	12035	16637	18526
集群内出口的企业数量（家）	19662	22044	22839

续表

年份	2005	2006	2007
集群销售总产值（亿元）	32163	42273	54161
集群企业出口密集度	0.6113	0.5215	0.4217
集群内国内企业出口额（亿元）	3381	4180	5370
集群内国内出口的企业数量（家）	9805	11361	12476
集群内国内企业销售总产值（亿元）	16011	21279	29530
集群内国内企业出口密集度	0.6124	0.5339	0.4225

资料来源：根据中国工业企业数据库计算而得。

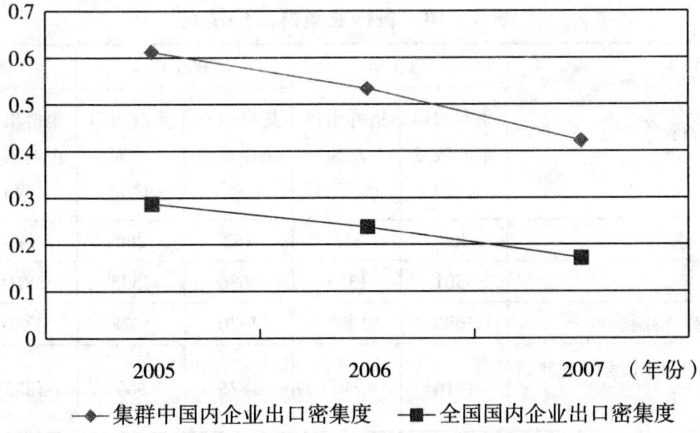

图3-3 集群国内企业和全部国内企业出口密集度的比较

资料来源：根据中国工业企业数据库计算而得。

3.4.3 行业维度

下面我们了解一下各行业集群出口的情况（见表3-10）。从出口企业数量来看，纺织业和纺织服装、鞋、帽制造业的数量最大，纺织服装、鞋、帽制造业2005年出口的企业数量有3686家，2007年上升至4320家，纺织业2005年的出口企业数为3301家，2007年上升至3810家，皮革、毛皮、羽毛（绒）及其制品业也有大量的企业从事出口业务，2005年出口企业有1716家，2007年为1825家。另外，电气机械及器材制造业和通信设备、计算机及其他电子设备制造业出口企业数量也较大。从出口额方面看，通信设备、计算机及其他电子设备制造业的出口额最大，2005年出口额达到4552亿元，2007年上升至7636亿元。另外纺织业，纺织服装、鞋、帽制造业以及电气机械和器材制造业也具有较大的出口额。

表3－10　各行业集群出口情况

行业	2005年		2006年		2007年	
	集群出口企业数量（家）	集群出口总额（亿元）	集群出口企业数量（家）	集群出口总额（亿元）	集群出口企业数量（家）	集群出口总额（亿元）
农副食品加工业	306	155	462	260	489	318
纺织业	3301	1319	3686	1535	3810	1728
纺织服装、鞋、帽制造业	3686	1257	4020	1528	4320	1868
皮革、毛皮、羽毛（绒）及其制品业	1716	740	1875	909	1825	954
木材加工及木、竹、藤制品业	155	55	181	84	247	103
家具制造业	266	102	296	130	263	140
造纸及纸制品业	344	133	309	170	179	79
印刷业和记录媒介的复制	177	75	197	80	170	53
文教体育用品制造业	435	211	444	217	381	154
化学原料及化学制品制造业	433	115	542	181	548	236
化学纤维制造业	34	43	39	66	47	116
橡胶制品业	44	12	59	14	59	14
塑料制品业	839	336	802	370	711	297
非金属矿物制品业	1030	251	1125	315	1011	381
黑色金属冶炼及压延加工业	45	43	45	71	67	220
有色金属冶炼及压延加工业	49	31	56	57	50	53
金属制品业	875	382	1058	486	1277	571

续表

行业	2005年		2006年		2007年	
	集群出口企业数量（家）	集群出口总额（亿元）	集群出口企业数量（家）	集群出口总额（亿元）	集群出口企业数量（家）	集群出口总额（亿元）
通用设备制造业	981	299	1128	367	1453	548
专用设备制造业	271	84	330	101	400	110
交通运输设备制造业	540	352	686	533	877	823
电气机械及器材制造业	1622	1186	1845	1510	1838	1584
通信设备、计算机及其他电子设备制造业	1512	4552	1616	7265	1520	7636
仪器仪表文化、办公机械制造业	194	109	186	134	208	175
工艺品及其他制造业	807	193	967	254	1089	364

资料来源：根据中国工业企业数据库计算而得。

3.4.4 地区维度

各地区集群的出口情况如表3-11所示，从出口企业规模来看，广东和浙江数量最大，2005年浙江出口的企业有6380家，到2007年达到8982家，其次是广东，2005年有7235家企业出口，2007年有6156家企业出口。江苏、福建出口企业也较多，2007年两省的出口企业数量分别为2357家和1635家。上海和山东的出口企业数量也较大。从出口额方面来看，出口金额最大的省份是广东，2005年为6567亿元，2007年达到8364亿元；其次是浙江，2005年出口额为2146亿元，2007年为3499亿元，浙江企业的平均出口规模比较小，这与其企业规模的情况是一致的。江苏和上海的出口金额也比较大，在2007年分别为3426亿元和1190亿元。

表3-11 各地区集群出口情况

省份	2005年		2006年		2007年	
	出口企业数量（家）	出口总额（亿元）	出口企业数量（家）	出口总额（亿元）	出口企业数量（家）	出口总额（亿元）
北京	116	30	122	27	143	59
天津	213	43	177	118	154	122
河北	149	45	133	30	153	27
辽宁	105	48	251	149	384	240
吉林	6	2	8	3	14	8
上海	1134	725	1148	919	1346	1190
江苏	1531	1679	1869	2274	2357	3426
浙江	6380	2146	7629	2712	8982	3499
安徽	6	2	16	26	15	70
福建	1408	405	1566	534	1635	722
江西	25	9	61	9	67	28
山东	590	202	858	401	994	562
河南	414	24	422	26	20	9
湖北	5	1	12	1	15	3
湖南	264	41	316	57	287	75
广东	7235	6567	7369	9262	6156	8364
广西	3	2	2	1	5	5
重庆	65	59	72	85	72	94
四川	13	4	13	4	40	20

注：河南省2007年与2005年、2006年的数据差异较大，可能是在原始数据统计时出现问题。

资料来源：根据中国工业企业数据库计算而得。

3.5 小结

本章主要对2005～2007年产业集群、FDI以及企业出口的基本情况做了介绍。首先，介绍了本书产业集群度量的基本方法和数据来源，并根据集群的度量方法计算了当前我国产业集群的基本情况，发现我国产业集群的发展速度仍然较快，集群中的企业在全部企业中的比重逐年上升。集群在各行业的分布情况差异较大，纺织业，纺织服装、鞋、帽制造业以及通信设备、计算机及其他电子设备制造业等行业拥有大量的产业集群，而集群在地域上的分布也不均衡，主要分布在广东、浙江、江苏等沿海地区。其次，介绍了FDI的基本情况，发现全国FDI的企业数量逐年增加，但FDI企业数量和销售收入在全部企业中的份额在这三年有一定下降。从行业来看，FDI主要分布于纺织业，纺织服装、鞋、帽制造业以及通信设备、计算机及其他电子设备制造业等行业，在地域上也主要集中于东部沿海省市。最后，对于企业出口，国内企业出口额逐年上升，但出口密集度有一定下降，集群出口行为仍然主要发生在纺织业，纺织服装、鞋、帽制造业以及通信设备、计算机及其他电子设备制造业等行业，在空间上，广东、江苏、浙江及上海仍然是集群出口的主要省市。

另外，本章通过数据还有两个发现：一是相对于国内企业来说，FDI更倾向于定位在产业集群之中；二是集群中的国内企业相对来说具有更高的出口密集度。

4 FDI出口溢出的空间效应

目前已有部分文献对FDI对东道国企业的出口溢出进行了实证分析，但总体来说这些实证分析的空间尺度都比较大，如Greenaway等（2004）分析了英国全国范围内的溢出，刘修岩等（2011）的研究集中于四位数行业在中国的出口溢出，Aitken等（1997）以墨西哥的州为考察单位，Swenson（2005）以中国的城市为考察单位。在采用不同的空间尺度时，各学者的研究结论也不尽相同，如刘修岩（2011）发现在中国FDI的出口溢出效应为负，而Greenaway等（2004）发现在英国FDI的出口溢出效应为正等。之所以出现结果不一致的情况，主要原因是虽然各国行政区域的层级是比较相似的，如国家、省或州、市、县等，但由于国家之间国土面积差异较大，如中国一个省的面积比欧洲的许多国家还要大很多，而企业之间的知识和技术溢出与空间范围有着紧密关系，其原因在于大量的知识具有默会性质（Tacitness），所以通过经常性的、重复的面对面交流可以使知识的流动变得更顺畅，在大小不同的空间范围内，FDI的溢出效果也就有很大差异。关于知识和技术外溢的空间维度已经有不少文献进行了研究，Gleaser等（1992）指出知识在公路和街道之间传递要比在大洋和大洲之间传递更容易，即使对于可编码的创新专利，一些研究也发现本地区的引用率要高于外地（Jaffe等，1993；Jaffe和Trajtenbeg，1999），克鲁格曼（1991）认为信息的流动和空间的溢出是有空间边界的。但目前仍然没有文献对 FDI 出口溢出与空间距离的关系进行扎实的验证，给出可靠的证据。而本书的一个基本观点就是 FDI 在产业集群中有着更强的出口溢出效应，本章的主要任务就是利用中国制造业企业数据验证 FDI 出口溢出的空间效应，包括两方面的内容：一是空间距离，二是同行业企业的密集度。这两个方面基本涵盖了产业集群的基本特征。具体的实证思路是首先比较省、市和县区范围 FDI 出口溢出效应的大小，以此来证明出口溢出与空间距离有关；其次引入县区范围的同行业企业数量，考察企业密度对出口溢出效应的作用。

4.1 模型、数据及变量

4.1.1 计量模型

为纠正非随机样本选择导致的估计偏误，有关 FDI 出口溢出的多篇文献，如 Greenaway 等（2004）、Ruane 和 Sutherland（2004）、Kneller 和 Pisu（2007）、Sun（2009）、Karpaty 和 kneller（2011）、Fu（2011）、Anwar 和 Nguyen（2011）、刘修岩等（2011）及杨梦泓（2011）等都采用了 Heckman 模型来估计 FDI 对本国企业的出口溢出。因此，为避免样本选择性偏误，本书也根据导论中所介绍的 Heckman 模型方法，并针对企业的出口行为构造以下回归方程和选择方程：

出口密集度方程：

$$expintens = \beta_0 + \beta_1 \text{FDI 溢出变量} + \beta_2 \text{企业特征变量} + \beta_3 \text{区域特征变量} + \beta_4 \text{行业特征变量} + \beta X + u_{1i}$$

出口选择方程：

$$\text{expselect} = \beta_0 + \beta_1 \text{FDI 溢出变量} + \beta_2 \text{企业特征变量} + \beta_3 \text{区域特征变量} + \beta_4 \text{行业特征变量} + \beta X + u_{2i}$$

其中，$u_{1i} \sim N(0, \delta)$，$u_{2i} \sim N(0, 1)$，$\text{corr}(v_i, u_i) = \rho$，$(u_{1i}, u_{2i})$ 服从二维正态分布 $[0, 0, 1, \delta, \rho]$。

为使两个方程可以识别，在出口选择方程中必须包括至少一个与回归方程不同的变量，以显示出口选择的特殊性，方程中的 X 是指其他控制变量。以上的出口密集度方程即 Heckman 模型中的回归方程，其主要针对因变量（Expintens）大于 0 的样本进行回归，在这里就是针对出口密集度大于 0 的样本进行回归，而出口选择方程即 Heckman 模型中的选择方程，这个方程的因变量（Expselect）是一个二值变量，即当企业存在出口时，因变量就是 1，而当企业没有出口时因变量就是 0，在采用 Stata 统计软件进行 Heckman 模型回归时，会同时给出出口密集度和出口选择方程的回归结果。需要强调的是，本书在以下所有的计量回归分析中，因变量都是区域中国内企业的出口密集度和出口选择，也就是说本书的研究对象仅为 FDI 对本国企业的出口溢出。方程中，FDI 溢出变量是指通过该变量判断 FDI 出口溢出强度的变量，如果其系数 β_1 大于 0，说明 FDI 对本土企业存在正的出口溢出效应，即在区域内 FDI 越多，则本土企业出口密集度越高，或者有更多的企业选择出口。国内企业出口不仅受到本地 FDI 数量的影响，而且还受到企业自身、企业所处区域以及企业所处行业特征的影响，因此在计量分析过程中，我们需要对这些因素进行控制。方程中的 X 是指其他一些控制变量，u_{1i} 和 u_{2i} 分别为出口密集度方程和出口选择方程的误差项。

4.1.2 数据来源

数据来源于 2005 ~ 2007 年全部国有和规模以上非国有工业企业数据库，本书主要选取其中的 29 个制造业行业的企业作为样本，三年的数据形成一个混合面板数据集。虽然这三年的数据时间跨度较短，但在国家统计局的工业企业数据库中，2005 ~ 2007 年的数据指标最为完善，且本书的实证内容与具体的时间关系不大，足够大的横截面样本对于实证分析可以提供较好的支撑。对于在回归过程中需要控制的区域和行业变量，均是从企业数据库中根据企业的行业代码和区域代码进行汇总而得到的。

4.1.3 变量描述

对于因变量，本书采用企业出口交货值除以企业工业销售产值得到出口密集度，由于不出口的企业数量较大，所以一部分企业的出口密集度为 0。在采用 Heckman 模型进行回归时，回归方程的因变量是企业出口密集度，而选择方程的因变量是企业出口或不出口的一个虚拟变量。

由于本书主要考察 FDI 对于国内企业出口行为的外溢效应，所以溢出变量是关键的自变量。某一区域内 FDI 企业数量越多，则总体的溢出效应越大，因此我们以区域内 FDI 的相对规模作为溢出变量，如果该变量的系数为正，说明 FDI 对本地企业存在正的出口溢出效应，否则为负。溢出变量的选取与 Aitken、Hanson 和 Harrison (1997)，Greenaway、Nuno 和 Sousa（2004）的选取方法相同，主要使用 FDI 销售收入或就业人数的区位商和 FDI 销售收入在本地本行业内销售收入的比重。下文将分别从省域、城市及县区范围内度量

FDI的外溢效应，以FDI销售收入为例，区位商的公式如下：

$$\text{省域 FDI 销售收入区位商} = \frac{\text{省内某行业 FDI 销售收入在该行业中的比重}}{\text{全国某行业 FDI 销售收入在该行业中的比重}}$$

$$\text{城市 FDI 销售收入区位商} = \frac{\text{城市某行业 FDI 销售收入在该行业中的比重}}{\text{全国某行业 FDI 销售收入在该行业中的比重}}$$

$$\text{县区 FDI 销售收入区位商} = \frac{\text{县区某行业 FDI 销售收入在该行业中的比重}}{\text{全国某行业 FDI 销售收入在该行业中的比重}}$$

区位商可以控制行业之间的差异，但FDI销售收入在本地本行业内销售收入的比重也在一定程度上可以度量FDI在本地区的规模，在下面的计量分析中，将根据情况采用这几个指标。

在回归中还控制了一系列企业特征。根据Melitz（2003）指出的由于企业出口需要支付一定的固定成本，所以具有较高生产率的企业会更倾向于出口，因此我们以企业的研发密集度、新产品率、资本密集度、人均增加值来度量企业的技术水平和生产率，以对这一因素进行控制。因为企业的人工成本对于出口产品的竞争力也有一定影响，所以我们把人均工资也加入到控制变量中。此外，由于企业员工素质的提升有利于企业从事外贸活动，所以本书用企业的人均教育培训费用控制企业的员工素质。企业利润率越高，越有利于企业积累资本，从而承受出口的高额固定成本，因此需要控制企业利润率。Chaney（2005）和Manova（2008）指出信贷约束对于企业出口有一定的影响，信贷约束的缓解有利于企业出口，因此在回归中，我们用企业的负债率来度量企业面对的信贷约束，较高的负债率说明企业面对的金融约束较小。由于企业面对出口的固定成本，所以企业规模越大，平均成本中所分摊的固定成本越小，即规模经济效应越强。

不同类型的行业，企业出口倾向不同。由于某些比较优势明显的行业出口企业较多，出口量也较大，所以需要对行业特征进行控制。我们计算了三位数行业的出口密集度和行业内的出口占全行业出口的比重，这样既考虑了行业的出口倾向，也考虑了各行业在全行业中的出口权重。

对于区域特征，处在不同区域的企业，其出口倾向也不相同，如沿海地区、邻近港口与出口相关的基础设施完备，相关的出口服务产业发达，国外市场信息比较灵通，因此其出口成本相对较低。所以说，对于具有相同特征并属于相同行业的企业，也会由于位于不同的地区而具有不同的出口行为。本书首先通过本区域的出口密集度（即本地区全行业的出口总额占全行业工业销售产值的比重）、本区域全行业出口占全国的比重，以及地区 FDI 销售收入总额占全国的比重来度量地区的总体外向性；其次，考虑到某一地区出口企业较多的原因有可能是产业在本地区集聚的结果，所以要控制产业集聚的影响，并通过本地区某行业的区位商来度量这种影响。需要说明的是，以上这些指标均从省、市和县的范围进行了测算。由于本书主要从县区的范围考察 FDI 对企业出口的影响，所以对县区的一些产业特征也进行了控制，包括县区三位数行业的研发密集度、劳动生产率、市场集中度、产业多样性四个指标。之所以采取研发密集度和劳动生产率度量县区范围内的技术水平，是因为在一个技术外部性较强的区域，企业会受益较多，从而增大其出口的可能性，因此将这两个变量加入到控制变量中。市场集中度和产业多样性表示了县区内的市场和产业结构。在一个市场集中程度较高的区域中，大量的信息被大企业控制住，这些知识和信息无法为中小企业所获得，所以我们预期市场集中度较高的地区企业出口倾向也较高。Duranton 和 Puga（2003）认为，区域内产业多样性有利于企业创新，而创新有利于提高企业的技术水平，进而促进其出口，因此本书通过引入县区范围内三位数行业的赫芬达尔指数来控制县区的产业多样性。

为控制行业和区域的固定效应，在回归中还加入了两位数制造业的虚拟变量，以农副产品加工业为对照组。把全国划分为东部、中部和西部，设置虚拟变量，以西部为对照组，区域虚拟变量仅在选择方程中出现。在回归方程中还加入了年度虚拟变量，以 2005 年为对照组，如表 4－1 所示。

表 4－1　变量说明

类型	变量	变量含义和度量方法
因变量	expintens	企业出口密集度，即企业出口交货值/企业工业销售产值
	expselect	企业出口选择变量，企业出口时取值为 1，企业不出口时为 0
溢出变量	FDI_ rev_ p3_ lq	三位数行业的 FDI 在省域范围内的区位商，以销售收入度量
	FDI_ labor_ p3_ lq	三位数行业的 FDI 在省域范围内的区位商，以就业人数度量
	FDI_ rev_ p3_ rate	三位数行业 FDI 的销售收入在本省份本行业内的比重
	FDI_ rev_ ci3_ lq	三位数行业的 FDI 在城市范围内的区位商，以销售收入度量
	FDI_ labor_ ci3_ lq	三位数行业的 FDI 在城市范围内的区位商，以就业人数度量
	FDI_ rev_ ci3_ rate	三位数行业 FDI 的销售收入在本市本行业内的比重
	FDI_ rev_ c3_ lq	三位数行业的 FDI 在县级行政单位内的区位商，以销售收入度量
	FDI_ labor_ c3_ lq	三位数行业的 FDI 在县级行政单位内的区位商，以就业人数度量
	FDI_ rev_ c3_ rate	三位数行业 FDI 的销售收入在本县级行政单位本行业内的比重
	firmnumber_ c3	三位数行业在县区内的企业数量
	FDIrevfirmninter	县区 FDI 销售收入区位商与县三位数行业企业数量交叉项
	FDIlaborfirmninter	县区 FDI 就业区位商与县三位数行业企业数量交叉项
	FDIrevfirmninter2	县区 FDI 销售收入比重与县三位数行业企业数量交叉项

续表

类型	变量	变量含义和度量方法
企业特征	RDintense1	企业研发密集度，企业研发投入/企业工业增加值
	newpintense	企业新产品密集度，新产品产值/工业总产值
	productivity	企业劳动生产率，企业工业增加值/企业就业人数
	averagewageall	企业人均工资，工资总额/职工人数
	capitalintense	企业资本密集度，企业固定资产年平均余额/职工人数
	averageedu	企业人均教育培训费
	profitrate	企业利润率，（企业利润总额 - 企业营业外利润）/主营业务成本
	debtrate	企业负债率，企业负债总额/企业资产总额
	rev	企业销售收入
行业特征	expintens_ 3	三位数行业出口密集度，本行业出口额/本行业销售产值
	expshareindu	三位数行业出口比重，本行业出口额/全部行业出口额
区域特征	expintens_ p	省份内出口密集度，省份制造业出口额/省份制造业销售产值
	expshare_ p	省份出口额占全国的份额，省份制造业出口额/全国制造业出口额
	FDIshare_ p	省份 FDI 销售收入占全国比重
	revlq_ p3	省份三位数行业区位商
	expintens_ ci	城市出口密集度
	expshare_ ci	城市出口额占全国的份额
	FDIshare_ ci	城市 FDI 销售收入占全国比重
	revlq_ ci3	城市三位数产业的区位商
	expintens_ c	县区出口密集度，县制造业出口额/县制造业销售产值
	expshare_ c	县区出口额占全国的份额
	FDIshare_ c	县区 FDI 销售收入占全国比重
	revlq_ c3	县区三位数产业销售收入的区位商
	FDIshare_ c3	县区三位数行业 FDI 销售收入占全国三位行业 FDI 销售收入比重
	RDintense_ c3	县区三位数行业研发密集度
	productivty_ c3	县区三位数行业劳动生产率，县区三位数行业人均增加值
	marketstru_ c3	县区三位数行业市场结构，用赫芬达尔指数度量
	revdivers_ c3	县区三位数行业多样性，用赫芬达尔指数度量

续表

类型	变量	变量含义和度量方法
行业虚拟变量	industry	29 个制造业行业的虚拟变量，以农副产品加工业为对照组
区域虚拟变量	region	东中西三大区，以西部为对照组，region1：东部，region2：中部。东中西的划分按照国家标准划分方法
年度虚拟变量	year	以 2005 年为对照组

表 4－2 给出了主要变量的描述性统计，可以看出国内企业的样本总数是 65 万多个，其中出口量大于 0 的样本有 118938 个，其余样本出口量均为 0。

表 4－2　主要变量的描述性统计

变量	观测值	均值	方差	最小值	最大值
Expintens	118938	0.5311	0.3886	2.53E－07	1
FDI_ rev_ p3_ lq	659530	0.8980	0.7303	0	30.38
FDI_ labor_ p3_ lq	659547	0.9441	0.8045	0	38.73
FDI_ rev_ p3_ rate	659546	0.2725	0.2224	0	1
FDI_ rev_ ci3_ lq	659200	0.7353	0.9585	0	40.03
FDI_ labor_ ci3_ lq	659364	0.7979	1.0937	0	38.73
FDI_ rev_ ci3_ rate	659216	0.2227	0.2535	0	1
FDI_ rev_ c3_ lq	658048	0.5137	0.9610	0	93.75
FDI_ labor_ c3_ lq	658787	0.5743	1.1507	0	51.77
FDI_ rev_ c3_ rate	658064	0.1591	0.2526	0	1
firmnumber_ c3	659579	26.4733	54.0961	1	542
FDIlaborfirmninter	658787	2.1004	35.2481	－297.216	493.28
FDIrevfirmninter2	658064	6.2832	19.3365	－1.5807	283.57
RDintense1	655525	0.0066	1.0598	－725	250
newpintense	655019	0.0372	0.1561	0	1
productivity	657169	124.7291	460.1542	－23378.3	235520
averagewageall	657169	18.8680	31.1753	0	10905

续表

变量	观测值	均值	方差	最小值	最大值
capitalintense	657169	83. 4883	541. 7830	-4. 78241	258849
averageedu	657169	0. 1366	0. 7350	0	150
rev	659579	81333. 4100	779151. 0000	-220	1. 36E+08
expintens_ 3	659579	0. 1970	0. 1627	0	0. 8427
expshareindu	659579	0. 0090	0. 0129	0	0. 1581
expintens_ p	659579	0. 2025	0. 1276	0. 000423	0. 4677
expshare_ p	659579	0. 0906	0. 0894	1. 23E-07	0. 3095
FDIshare_ p	659579	0. 0812	0. 0810	1. 96E-05	0. 2805
expintens_ ci	659578	0. 1848	0. 1403	0	0. 9227
expshare_ ci	659579	0. 0148	0. 0252	0	0. 1209
FDIshare_ ci	659579	0. 0153	0. 0281	0	0. 1312
revlq_ ci3	659579	4. 3467	13. 5510	0	1262. 053
expintens_ c	659563	0. 1792	0. 1643	0	0. 9942
expshare_ c	659579	0. 0025	0. 0073	0	0. 0778
FDIshare_ c	659579	0. 0024	0. 0065	0	0. 0570
revlq_ c3	659561	12. 5801	46. 3435	0	12479. 57
RDintense_ c3	658242	0. 0081	0. 9300	-725	100
FDIrevshare_ c3	658064	0. 1591	0. 2526	0	1. 0072
productivty_ c3	658803	119. 9427	346. 7879	-2516. 62	235520
marketstru_ c3	659579	0. 4029	0. 3347	0	1. 0145
revdivers_ c3	659579	0. 1579	0. 1477	0	1
revlq_ p3	659579	1. 7573	2. 5800	0	132. 1644

由图 4-1 可以看出，国内企业出口的密集度差异较大，在 0 ~ 0.9 附近分布较为均匀，而在 1.0 附近分布比例很高。这种离散程度较高的情况对出口密集度的计量分析是比较有利的。

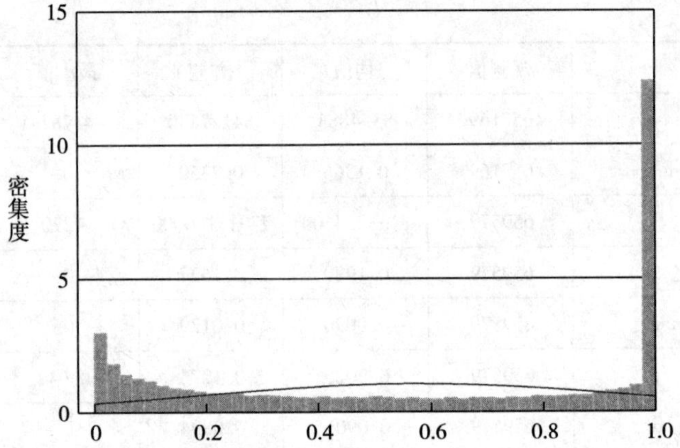

图 4-1 国内企业出口密集度（不包括无出口的企业）

4.2 空间范围与出口溢出效应

4.2.1 省域范围内的出口溢出

4.2.1.1 计量模型

在省域范围内的出口溢出分析中，我们分别采用 FDI 在省域范围内销售收入的区位商和就业人数的区位商来作为 FDI 溢出变量进行回归。当溢出变量为省域 FDI 销售收入区位商时，计量模型如下：

出口密集度方程：

$$\text{expintens} = \beta_0 + \beta_1 \text{省域 FDI 销售收入区位商} + \beta_2 \text{企业特征变量} + \beta_3 \text{省域特征变量} + \beta_4 \text{行业特征变量} + \beta X + u_{1i}$$

出口选择方程：

$$\text{expselect} = \beta_0 + \beta_1 \text{省域 FDI 销售收入区位商} +$$

$$\beta_2\text{企业特征变量} + \beta_3\text{省域特征变量} + \beta_4\text{行业特征变量} + \beta X + u_{2i}$$

当溢出变量为省域 FDI 就业人数区位商时，计量模型如下：

出口密集度方程：

$$\text{expintens} = \beta_0 + \beta_1\text{省域 FDI 就业人数区位商} + \beta_2\text{企业特征变量} + \beta_3\text{省域特征变量} + \beta_4\text{行业特征变量} + \beta X + u_{1i}$$

出口选择方程：

$$\text{expselect} = \beta_0 + \beta_1\text{省域 FDI 就业人数区位商} + \beta_2\text{企业特征变量} + \beta_3\text{省域特征变量} + \beta_4\text{行业特征变量} + \beta X + u_{2i}$$

4.2.1.2 数据描述

我们把省份三位数行业 FDI 销售收入的区位商和销售收入在省份三位数行业中的比重，由直方图表示这两个指标的分布情况（见图 4－2 和图 4－3）。对于各省份行业 FDI 的区位商，在稍大于 0 的区域分布相当密集，在 0～2.5 的范围内分布比例逐步下降。对于 FDI 的密集度，仍然是在 0 附近分布比重较大，之后到 1.0 之间变化相对平稳，在 1.0 附近有一定的比例。通过图 4－2 和图 4－3 说明省份 FDI 在本地的相对规模差异性较大，这有利于通过计量分析考察 FDI 的出口溢出效应。

4.2.1.3 实证结果

在省域范围的回归中，我们的样本是全部制造业的内资企业，我们用省份内 FDI 销售收入的区位商和就业人数的区位商作为溢出变量，分别用 Heckman 模型两步法进行回归，并且在回归过程中都用行业虚拟变量对行业进行了控制，回归结果如表 4－3 所示。

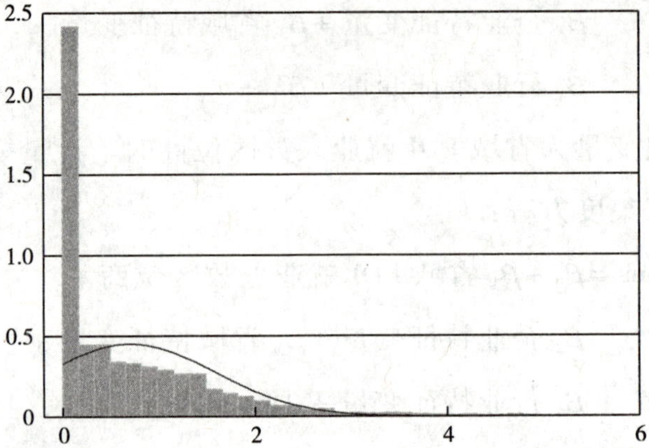

图 4－2　省份三位数行业 FDI 区位商（各省情况）

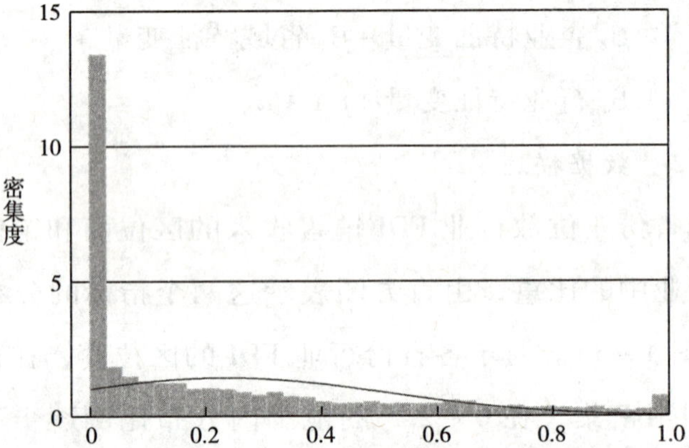

图 4－3　省份三位数行业 FDI 密集度（各省份情况）

表 4－3　省份回归结果

变量	(1)		(2)	
	expintens	expselect	expintens	expselect
FDI_ rev_ p3_ lq	0.0099 *** (0.0022)	－0.0610 *** (0.0039)		
FDI_ labor_ p3_ lq			0.0162 *** (0.0019)	－0.0369 *** (0.0036)
RDintense1	－0.0007 (0.0017)	0.0042 (0.0030)	－0.0007 (0.0017)	0.0042 (0.0030)

续表

变量	(1)		(2)	
	expintens	expselect	expintens	expselect
newpintense	0.0650***	0.9271***	0.0658***	0.9264***
	(0.0068)	(0.0109)	(0.0067)	(0.0109)
productivity	-0.0000***	-0.0000***	-0.0000***	-0.0000***
	(0.0000)	(0.0000)	(0.0000)	(0.0000)
averagewageall	0.0001	0.0006***	0.0001	0.0006***
	(0.0000)	(0.0001)	(0.0000)	(0.0001)
capitalintense	-0.0002***	-0.0003***	-0.0002***	-0.0003***
	(0.0000)	(0.0000)	(0.0000)	(0.0000)
averageedu	-0.0100***	0.0123***	-0.0101***	0.0123***
	(0.0017)	(0.0026)	(0.0017)	(0.0026)
profitrate	-0.0100***	0.0000	-0.0105***	0.0000
	(0.0038)	(0.0001)	(0.0038)	(0.0001)
debtrate	0.0606***	0.1102***	0.0607***	0.1087***
	(0.0035)	(0.0032)	(0.0035)	(0.0032)
expintens_ 3	1.1535***	2.2835***	1.1624***	2.2871***
	(0.0144)	(0.0187)	(0.0144)	(0.0188)
expshareindu	-0.8250***	-2.8502***	-0.8320***	-2.8127***
	(0.1205)	(0.2509)	(0.1204)	(0.2508)
year2	0.0073***	-0.0578***	0.0075***	-0.0584***
	(0.0024)	(0.0048)	(0.0024)	(0.0048)
year3	0.0347***	-0.1573***	0.0350***	-0.1595***
	(0.0026)	(0.0049)	(0.0026)	(0.0049)
expintens_ p	1.1784***	1.5773***	1.1557***	1.4856***
	(0.0197)	(0.0393)	(0.0190)	(0.0389)
expshare_ p	1.7606***	7.9261***	1.7998***	8.1596***
	(0.0636)	(0.1040)	(0.0638)	(0.1025)
FDIshare_ p	-2.7652***	-9.6027***	-2.8150***	-9.8114***
	(0.0657)	(0.0997)	(0.0661)	(0.0989)
revlq_ p3	0.0044***	0.0204***	0.0045***	0.0206***
	(0.0005)	(0.0008)	(0.0005)	(0.0008)

续表

变量	(1)		(2)	
	expintens	expselect	expintens	expselect
region1		0.2159 *** (0.0100)		0.2165 *** (0.0100)
region2		0.4851 *** (0.0096)		0.4875 *** (0.0096)
rev		0.0000 *** (0.0000)		0.0000 *** (0.0000)
_cons	-0.2956 *** (0.0141)	-1.8742 *** (0.0130)	-0.3004 *** (0.0140)	-1.8828 *** (0.0130)
λ		0.2221 *** (0.0069)		0.2225 *** (0.0068)
N	653399		653399	
χ^2	28333.8229		28295.2195	
ρ	0.5940		0.5950	
σ	0.3739		0.3740	

注：①*、**、***分别表示在10%、5%、1%水平上是显著的。②括号中为稳健型标准误。③_cons 为常数项，N 为观测值。本书以下的回归结果表格表示方法与本表相同。

由表4-3可以看出，大部分自变量是显著的，Wald 统计量的 χ^2 估计值是显著的，说明方程总体的拟合程度较好，λ 相当显著，ρ 显著不为0，说明采用 Heckman 模型是必要的。通过实证结果我们发现，行业 FDI 销售收入的区位商对省份内内资企业的出口密集度影响显著为正，而对于企业出口的选择影响却显著为负，这说明在省域范围内，FDI 对国内企业的正向出口溢出效应较小，尤其是对出口选择的影响是负向的。至于出口密集度方程和出口选择方程系数的符号相反可以作以下解释：由于出口密集度方程主要对出口大于0的企业样本进行回归，而出口选择方程主要是比较出口和不出口的两类企业，而对于已经有出口的企业，对于出口业务已经有了一定的积累，所以更容易获得 FDI 溢出的信息，而非出口企业由于一方面缺乏相关渠道获得这些信息，另一方面对这些信息也不够敏感，所以很难获得 FDI 的出口信息。

4.2.2 城市范围内的出口溢出

4.2.2.1 计量模型

在城市范围内的出口溢出分析中，我们分别采用 FDI 在城市范围内销售收入的区位商和就业人数的区位商来作为 FDI 溢出变量进行回归。当溢出变量为城市 FDI 销售收入区位商时，计量模型如下：

出口密集度方程：

$$\begin{aligned} expintens = & \beta_0 + \beta_1 \text{城市 FDI 销售收入区位商} + \\ & \beta_2 \text{企业特征变量} + \beta_3 \text{城市特征变量} + \\ & \beta_4 \text{行业特征变量} + \beta X + u_{1i} \end{aligned}$$

出口选择方程：

$$\begin{aligned} expselect = & \beta_0 + \beta_1 \text{城市 FDI 销售收入区位商} + \\ & \beta_2 \text{企业特征变量} + \beta_3 \text{城市特征变量} + \\ & \beta_4 \text{行业特征变量} + \beta X + u_{2i} \end{aligned}$$

当溢出变量为城市 FDI 就业人数区位商时计量模型如下：

出口密集度方程：

$$\begin{aligned} expintens = & \beta_0 + \beta_1 \text{城市 FDI 就业人数区位商} + \\ & \beta_2 \text{企业特征变量} + \beta_3 \text{城市特征变量} + \\ & \beta_4 \text{行业特征变量} + \beta X + u_{1i} \end{aligned}$$

出口选择方程：

$$\begin{aligned} expselect = & \beta_0 + \beta_1 \text{城市 FDI 就业人数区位商} + \\ & \beta_2 \text{企业特征变量} + \beta_3 \text{城市特征变量} + \end{aligned}$$

β_4 行业特征变量 $+ \beta X + u_{2i}$

4.2.2.2 数据描述

由图 4-4 和图 4-5 可以看出，虽然城市行业 FDI 区位商和密集度在 0 附近都有很大的份额，但总体上的变异性仍然较大，有利于进行计量分析。

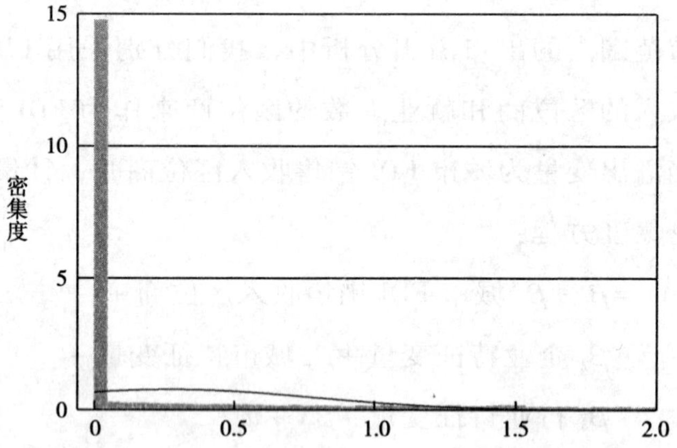

图 4-4　城市三位数行业 FDI 区位商（各市情况）

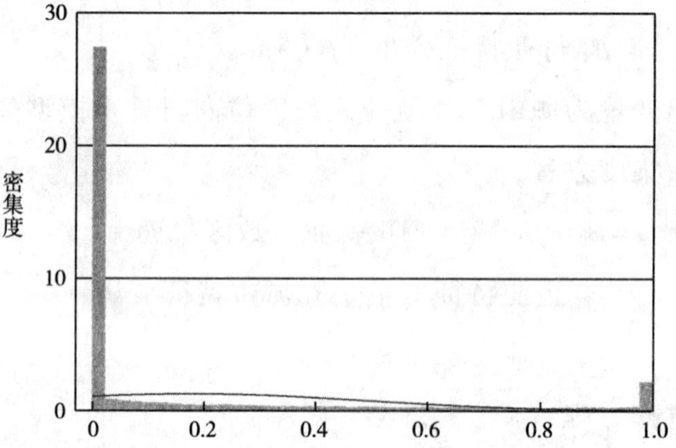

图 4-5　城市三位数行业 FDI 密集度（各市情况）

4.2.2.3 实证结果

对于城市范围内的溢出效应检验，方法与省份相同，也是分别用 FDI 销售收入和就业人数的区位商来度量溢出效应，对出口密集度和出口选择采用 Heckman 模型进行综合回归，并且在回归过程中都用行业虚拟变量对行业进行了控制，回归结果如表 4-4 所示。

表 4-4 城市回归结果

变量	(1)		(2)	
	expintens	expselect	expintens	expselect
FDI_ rev_ ci3_ lq	0.0200*** (0.0015)	-0.0059** (0.0025)		
FDI_ labor_ ci3_ lq			0.0168*** (0.0013)	-0.0068*** (0.0022)
RDintense1	-0.0006 (0.0017)	0.0037 (0.0030)	-0.0006 (0.0017)	0.0037 (0.0030)
newpintense	0.0924*** (0.0072)	0.9706*** (0.0108)	0.0934*** (0.0072)	0.9704*** (0.0108)
productivity	-0.0000*** (0.0000)	-0.0001*** (0.0000)	-0.0000*** (0.0000)	-0.0001*** (0.0000)
averagewageall	0.0002*** (0.0000)	0.0006*** (0.0001)	0.0002*** (0.0000)	0.0006*** (0.0001)
capitalintense	-0.0002*** (0.0000)	-0.0002*** (0.0000)	-0.0002*** (0.0000)	-0.0002*** (0.0000)
averageedu	-0.0072*** (0.0017)	0.0154*** (0.0025)	-0.0073*** (0.0017)	0.0154*** (0.0025)
profitrate	-0.0081** (0.0038)	0.0000 (0.0001)	-0.0088** (0.0038)	0.0000 (0.0001)
debtrate	0.0599*** (0.0035)	0.0993*** (0.0032)	0.0607*** (0.0035)	0.0993*** (0.0032)
expintens_ 3	1.2068*** (0.0151)	2.2793*** (0.0186)	1.2138*** (0.0151)	2.2770*** (0.0187)

续表

变量	(1)		(2)	
	expintens	expselect	expintens	expselect
expshareindu	-1.0363***	-3.3257***	-1.0406***	-3.3202***
	(0.1234)	(0.2508)	(0.1236)	(0.2508)
year2	0.0066***	-0.0547***	0.0070***	-0.0549***
	(0.0025)	(0.0048)	(0.0025)	(0.0048)
year3	0.0274***	-0.1701***	0.0282***	-0.1704***
	(0.0027)	(0.0048)	(0.0027)	(0.0048)
expintens_ ci	0.9810***	1.5746***	0.9870***	1.5771***
	(0.0131)	(0.0237)	(0.0130)	(0.0236)
expshare_ ci	-2.0172***	7.9741***	-2.0907***	7.9836***
	(0.1927)	(0.3664)	(0.1925)	(0.3652)
FDIshare_ ci	-0.8126***	-11.2545***	-0.7276***	-11.2575***
	(0.1700)	(0.3068)	(0.1695)	(0.3049)
revlq_ ci3	0.0001*	0.0027***	0.0001*	0.0027***
	(0.0001)	(0.0001)	(0.0001)	(0.0001)
region1		0.1991***		0.1998***
		(0.0094)		(0.0094)
region2		0.4538***		0.4540***
		(0.0095)		(0.0095)
rev		0.0000***		0.0000***
		(0.0000)		(0.0000)
_ cons	-0.3465***	-1.8739***	-0.3513***	-1.8732***
	(0.0149)	(0.0125)	(0.0149)	(0.0125)
λ		0.2539***		0.2557***
		(0.0073)		(0.0073)
N	653399		653399	
χ^2	25234.8021		25171.3300	
ρ	0.6512		0.6542	
σ	0.3900		0.3908	

由表 4 - 4 可以看出，与省份回归类似，χ^2 估计值仍然是显著的，方程总体的拟合程度较高，λ 相当显著，ρ 显著不为 0，说明 Heckman 模型运用合理。控制变量大多都相当显著。由表 4 - 4 中关键变量的回归系数可以看出，销售收入的区位商以及就业的区位商对出口密集度的影响都显著为正，而对出口选择的影响仍然显著为负。出口选择模型的系数仍然为负说明在城市范围内 FDI 对本土企业出口选择的挤出效应的影响仍然较大，导致最终 FDI 对本土企业的净溢出效应较小。但表 4 - 4 中回归系数明显比省份范围内的回归结果要大，说明在城市范围内 FDI 正的外溢效应随着空间范围的缩小在增大，而竞争方面的效应如果不变的话，净效应就会增大。

4.2.3 县区范围内的出口溢出

4.2.3.1 计量模型

在县区范围内的出口溢出分析中，我们分别采用 FDI 在县区范围内销售收入的区位商和就业人数的区位商来作为 FDI 溢出变量进行回归。当溢出变量为县区 FDI 销售收入区位商时，计量模型如下：

出口密集度方程：

$$\begin{aligned} expintens = {} & \beta_0 + \beta_1 \text{县区 FDI 销售收入区位商} + \\ & \beta_2 \text{企业特征变量} + \beta_3 \text{县区特征变量} + \\ & \beta_4 \text{行业特征变量} + \beta X + u_{1i} \end{aligned}$$

出口选择方程：

$$\begin{aligned} expselect = {} & \beta_0 + \beta_1 \text{县区 FDI 销售收入区位商} + \\ & \beta_2 \text{企业特征变量} + \beta_3 \text{县区特征变量} + \\ & \beta_4 \text{行业特征变量} + \beta X + u_{2i} \end{aligned}$$

当溢出变量为县区 FDI 就业人数区位商时，计量模型如下：

出口密集度方程：

$$expintens = \beta_0 + \beta_1 \text{县区 FDI 就业人数区位商} + \beta_2 \text{企业特征变量} + \beta_3 \text{县区特征变量} + \beta_4 \text{行业特征变量} + \beta X + u_{1i}$$

出口选择方程：

$$expselect = \beta_0 + \beta_1 \text{县区 FDI 就业人数区位商} + \beta_2 \text{企业特征变量} + \beta_3 \text{县区特征变量} + \beta_4 \text{行业特征变量} + \beta X + u_{2i}$$

4.2.3.2 数据描述

由图4－6和图4－7可以看出，县区三位数行业FDI的区位商和密集度的变异程度都较高，尤其是FDI的密集度大部分分布在0和1.0的附近，说明从县区这个层面来看，区域内的FDI比重或者很高，或者很低，处在中间范围的县区较少。

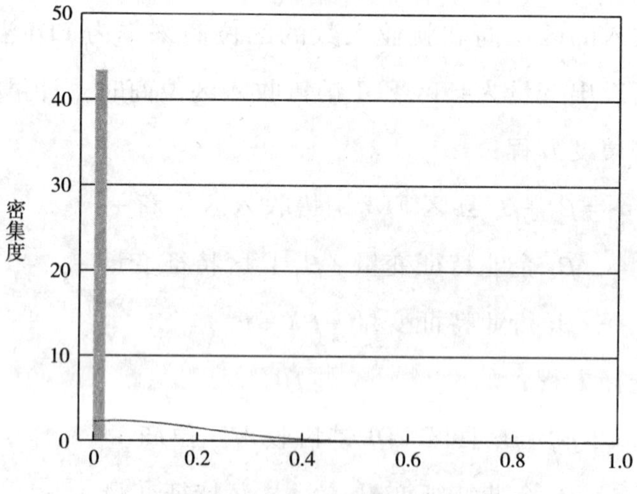

图4－6 县区三位数行业FDI区位商（各市情况）

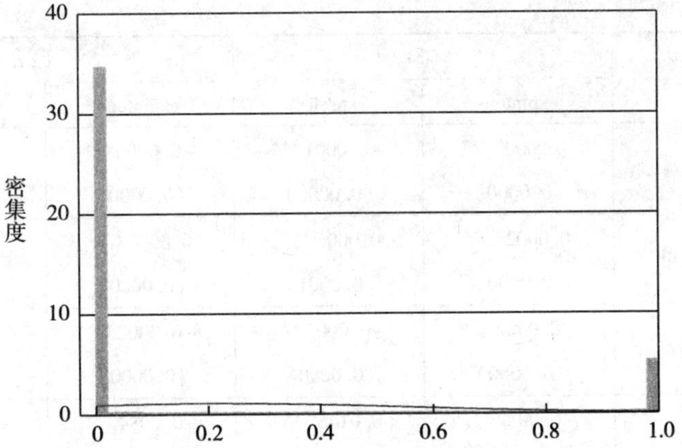

图 4-7 县区三位数行业 FDI 密集度（各市情况）

4.2.3.3 实证结果

与省份、城市层面的回归相同，这里也采用销售收入和就业的区位商度量 FDI 的溢出效应，同时仍然采用 Heckman 模型来避免样本选择偏误。在回归过程中都用行业虚拟变量对行业进行了控制，回归结果如表 4-5 所示。

表 4-5 县区回归结果

变量	(1)		(2)	
	expintens	expselect	expintens	expselect
FDI_ rev_ c3_ lq	0.0221 *** (0.0013)	0.0066 *** (0.0024)		
FDI_ labor_ c3_ lq			0.0162 *** (0.0012)	0.0011 (0.0020)
RDintense1	−0.0007 (0.0017)	0.0040 (0.0029)	−0.0006 (0.0017)	0.0040 (0.0029)
newpintense	0.0866 *** (0.0068)	0.9800 *** (0.0109)	0.0872 *** (0.0069)	0.9797 *** (0.0109)

续表

变量	(1)		(2)	
	expintens	expselect	expintens	expselect
productivity	-0.0000 ***	-0.0001 ***	-0.0000 ***	-0.0001 ***
	(0.0000)	(0.0000)	(0.0000)	(0.0000)
averagewageall	0.0002 ***	0.0006 ***	0.0002 ***	0.0006 ***
	(0.0000)	(0.0001)	(0.0000)	(0.0001)
capitalintense	-0.0002 ***	-0.0002 ***	-0.0002 ***	-0.0002 ***
	(0.0000)	(0.0000)	(0.0000)	(0.0000)
averageedu	-0.0082 ***	0.0146 ***	-0.0084 ***	0.0146 ***
	(0.0017)	(0.0025)	(0.0017)	(0.0025)
profitrate	-0.0117 ***	0.0000	-0.0122 ***	0.0000
	(0.0038)	(0.0001)	(0.0038)	(0.0001)
debtrate	0.0563 ***	0.0915 ***	0.0570 ***	0.0918 ***
	(0.0034)	(0.0032)	(0.0034)	(0.0032)
expintens_ 3	1.0941 ***	2.1681 ***	1.0989 ***	2.1662 ***
	(0.0138)	(0.0187)	(0.0138)	(0.0188)
expshareindu	-1.1275 ***	-3.2815 ***	-1.1098 ***	-3.2628 ***
	(0.1203)	(0.2519)	(0.1204)	(0.2519)
year2	0.0095 ***	-0.0489 ***	0.0100 ***	-0.0488 ***
	(0.0024)	(0.0049)	(0.0024)	(0.0049)
year3	0.0283 ***	-0.1638 ***	0.0293 ***	-0.1635 ***
	(0.0026)	(0.0049)	(0.0026)	(0.0049)
expintens_ c	0.9304 ***	1.8779 ***	0.9373 ***	1.8837 ***
	(0.0106)	(0.0158)	(0.0106)	(0.0157)
expshare_ c	-0.2820	17.9477 ***	-0.5101	17.7434 ***
	(0.4745)	(0.9416)	(0.4741)	(0.9396)
FDIshare_ c	-9.1295 ***	-39.2463 ***	-8.7394 ***	-38.8551 ***
	(0.5757)	(1.0833)	(0.5739)	(1.0783)
revlq_ c3	-0.0000 *	0.0009 ***	-0.0000 *	0.0009 ***
	(0.0000)	(0.0000)	(0.0000)	(0.0000)
region1		0.1496 ***		0.1507 ***
		(0.0092)		(0.0092)

续表

变量	(1)		(2)	
	expintens	expselect	expintens	expselect
region2		0.4471*** (0.0096)		0.4469*** (0.0096)
rev		0.0000*** (0.0000)		0.0000*** (0.0000)
_cons	-0.2990*** (0.0141)	-1.8785*** (0.0125)	-0.3021*** (0.0141)	-1.8779*** (0.0125)
λ		0.2334*** (0.0068)		0.2348*** (0.0068)
N	653397		653399	
χ^2	26077.3338		25999.8923	
ρ	0.6215		0.6240	
σ	0.3756		0.3762	

由表4-5可以看出，与前两个回归相似，方程总体的拟合程度较高。在县区层面进行回归时，两种FDI溢出变量对出口密集度和出口选择的影响都为正，其中仅就业人数对出口选择的影响不够显著，其他三个系数都是显著的，并且除就业人数对出口密集度回归的系数与省份和城市层面的回归基本持平外，其他系数都比省份和城市回归的系数明显增大。这说明在县区层面无论是从出口密集度方面还是出口选择方面考虑，FDI对于国内企业出口的挤出效应完全被其正的外溢效应压制。

以上从省域、城市及县区层面进行的回归充分说明，FDI的出口溢出效应与空间距离有着明显的相关性，具体来说，与FDI在空间上越靠近，FDI对国内企业出口产生的正向的溢出效应就越强。当我们把表4-3至表4-5中FDI溢出变量的系数绘制成图4-8和图4-9时可以看出，当以行业FDI销售收入的区位商为溢出变量时，出口密集度方程和出口选择方程的系数随着区域范围变小而明显上升；当行业 FDI 就业人数的区位商为溢出变量时，县区出口密集度方程的系数与城市持平，但出口选择方程的系数仍然随着区域范围变小而明显上升。所以说，通过省、市及县区回归系数的对比证明了 FDI 出口溢出明显受到空间距离的影响。

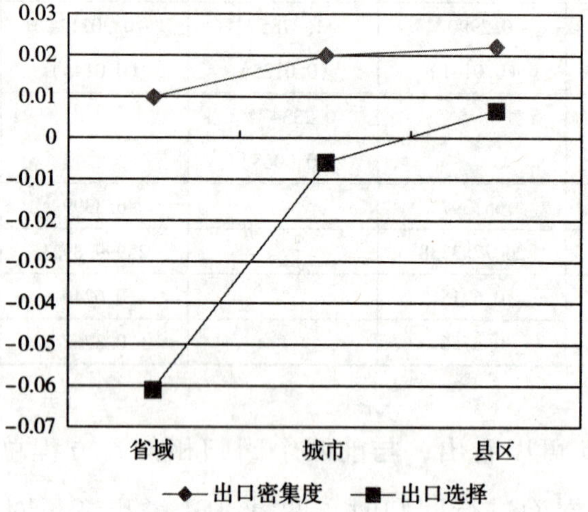

图 4-8　各区域范围的 FDI 出口溢出效应（行业 FDI 销售收入区位商为溢出变量）

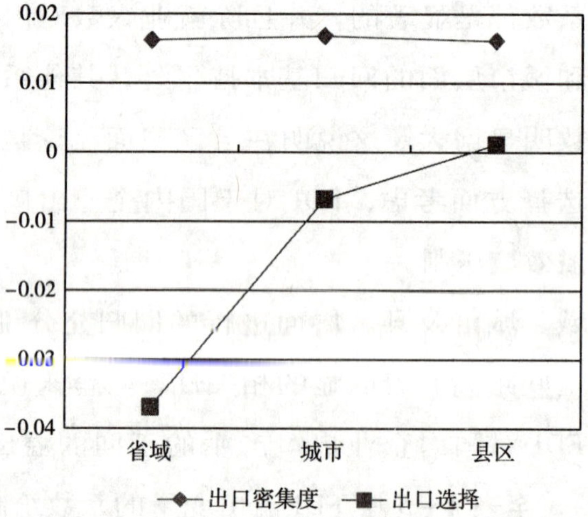

图 4-9　各区域范围的 FDI 出口溢出效应（行业 FDI 就业人数区位商为溢出变量）

为什么FDI的出口溢出效应与空间距离有明显的相关关系？其主要原因是FDI对国内企业的出口存在两个方面的影响，一方面是信息、技术方面产生的正的知识外溢效应；另一方面是由于FDI进入导致市场竞争程度增强而产生的挤出效应，最终FDI的溢出效应要受到两方面因素共同的影响。根据本书前面的分析，知识溢出会受到空间范围的限制，经济主体之间空间距离越近，则知识溢出越强，所以随着省域、城市和县区的空间范围逐步缩小，FDI知识溢出的强度在增大。另外，由于FDI与其所处区域内的本土企业之间及区域外的本土企业之间所面对的国内外市场基本没有差异，所以当空间范围缩小时，FDI与国内企业与FDI之间市场竞争的激烈程度是不变的，这样，随着空间范围的缩小，知识的溢出效应在增强，而由于竞争引起的负面效应不变，结果就出现了FDI出口溢出效应随着空间范围的缩小而增大。

4.3 企业密集度与出口溢出效应

以上已经基本证明了FDI出口溢出存在空间效应，但我们还想知道FDI的出口溢出效应与区域内的企业数量是否相关，即区域内FDI的出口溢出效应随着同行业企业数量的上升而得到增强。由于省份和城市空间范围较大，面积差异也较大，所以在省和市的范围内观察企业的密集度意义不大，为专注于考察企业密集程度与溢出效应的影响，这里我们的分析范围仅局限于县区范围内。

为了考察企业密集程度对FDI溢出效应的影响作用，我们采用县区三位数行业的企业数量与县区FDI溢出变量进行交叉，然后观察其系数。如果系数为正，则企业数量对 FDI 的溢出效应有增强作用；如果系数为负，则对溢出效应有减弱作用。为避免交叉项引起的多重共线性问题，两个变量在交叉之前先减去各自的平均值。在回归过程中仍然采用 Heckman 模型，而溢出变量采用 FDI 销售收入和就业人数的区位商以及 FDI 销售收入在本地本行业的比重三种度量方式。

4.3.1 计量模型

当溢出变量为县区 FDI 销售收入区位商时，计量模型如下：

出口密集度方程：

expintens = $\beta_0 + \beta_1$ 县区 FDI 销售收入区位商 +

β_2 县区三位数行业企业数量 +

β_3 县区 FDI 销售收入区位商 ×

县区三位数行业企业数量 +

β_4 企业特征变量 + β_3 县区特征变量 +

β_5 行业特征变量 + $\beta X + u_{1i}$

出口选择方程：

expselect = $\beta_0 + \beta_1$ 县区 FDI 销售收入区位商 +

β_2 县区三位数行业企业数量 +

β_3 县区 FDI 销售收入区位商 ×

县区三位数行业企业数量 +

β_4 企业特征变量 + β_3 县区特征变量 +

β_5 行业特征变量 + $\beta X + u_{2i}$

当 FDI 溢出变量为县区 FDI 就业人数区位商及 FDI 销售收入在本地本行业的比重时，则在以上方程的相应位置替换县区 FDI 销售收入区位商。

4.3.2 回归结果

下面，仍然采用 Heckman 模型进行回归，并且在回归过程中都用行业虚拟变量对行业进行了控制，回归结果如表 4 – 6 所示。

表 4 – 6 引入企业密度的回归结果

变量	(1)		(2)		(3)	
	expintens	expselect	expintens	expselect	expintens	expselect
FDI_ rev_ c3_ lq	0.0127***	0.0029				
	(0.0024)	(0.0040)				
FDIrevfirmninter	0.0003***	-0.0000				
	(0.0000)	(0.0001)				
FDI_ labor_ c3_ lq			0.0019	-0.0065**		
			(0.0016)	(0.0028)		
FDIlaborfirmninter			0.0003***	-0.0001		
			(0.0000)	(0.0001)		
FDI_ rev_ c3_ rate					0.0347***	0.0054
					(0.0050)	(0.0099)
FDIrevfirmninter2					0.0003***	-0.0003**
					(0.0001)	(0.0002)
firmnumber_ c3	0.0004***	0.0014***	0.0005***	0.0014***	0.0004***	0.0015***
	(0.0000)	(0.0000)	(0.0000)	(0.0000)	(0.0000)	(0.0001)
RDintense1	0.0003	0.0044	0.0003	0.0044	0.0003	0.0044
	(0.0020)	(0.0031)	(0.0020)	(0.0031)	(0.0020)	(0.0031)
newpintense	0.0732***	0.9821***	0.0749***	0.9820***	0.0746***	0.9821***
	(0.0066)	(0.0109)	(0.0066)	(0.0109)	(0.0066)	(0.0109)
productivity	-0.0000***	-0.0000***	-0.0000***	-0.0000***	-0.0000***	-0.0000***
	(0.0000)	(0.0000)	(0.0000)	(0.0000)	(0.0000)	(0.0000)
averagewageall	0.0003***	0.0008***	0.0003***	0.0008***	0.0003***	0.0007***
	(0.0000)	(0.0001)	(0.0000)	(0.0001)	(0.0000)	(0.0001)

续表

变量	(1)		(2)		(3)	
	expintens	expselect	expintens	expselect	expintens	expselect
capitalintense	-0. 0002***	-0. 0002***	-0. 0002***	-0. 0002***	-0. 0001***	-0. 0002***
	(0. 0000)	(0. 0000)	(0. 0000)	(0. 0000)	(0. 0000)	(0. 0000)
averageedu	-0. 0084***	0. 0142***	-0. 0084***	0. 0142***	-0. 0084***	0. 0141***
	(0. 0016)	(0. 0025)	(0. 0016)	(0. 0025)	(0. 0016)	(0. 0025)
profitrate	-0. 0138***	0. 0000	-0. 0138***	0. 0000	-0. 0139***	0. 0000
	(0. 0037)	(0. 0001)	(0. 0037)	(0. 0001)	(0. 0037)	(0. 0001)
debtrate	0. 0614***	0. 1063***	0. 0621***	0. 1063***	0. 0617***	0. 1062***
	(0. 0034)	(0. 0032)	(0. 0034)	(0. 0032)	(0. 0034)	(0. 0032)
expintens_ 3	1. 0542***	2. 1752***	1. 0548***	2. 1643***	1. 0401***	2. 1816***
	(0. 0133)	(0. 0192)	(0. 0133)	(0. 0192)	(0. 0133)	(0. 0189)
expshareindu	-1. 8480***	-4. 8398***	-1. 8736***	-4. 8795***	-1. 9431***	-4. 9299***
	(0. 1212)	(0. 2586)	(0. 1212)	(0. 2585)	(0. 1211)	(0. 2578)
year2	0. 0067***	-0. 0557***	0. 0071***	-0. 0559***	0. 0068***	-0. 0559***
	(0. 0024)	(0. 0049)	(0. 0024)	(0. 0049)	(0. 0024)	(0. 0049)
year3	0. 0225***	-0. 1794***	0. 0230***	-0. 1798***	0. 0224***	-0. 1797***
	(0. 0026)	(0. 0049)	(0. 0026)	(0. 0049)	(0. 0026)	(0. 0049)
expintens_ c	0. 8239***	1. 7737***	0. 8245***	1. 7745***	0. 8287***	1. 7748***
	(0. 0100)	(0. 0161)	(0. 0100)	(0. 0161)	(0. 0100)	(0. 0161)
expshare_ c	-1. 8762***	15. 2800***	-1. 8909***	15. 2424***	-2. 0289***	15. 4988***
	(0. 4651)	(0. 9459)	(0. 4653)	(0. 9458)	(0. 4672)	(0. 9532)
FDIshare_ c	-7. 6850***	-38. 2147***	-7. 7456***	-38. 2060***	-7. 6373***	-38. 4008***
	(0. 5659)	(1. 0927)	(0. 5663)	(1. 0932)	(0. 5667)	(1. 0921)
revlq_ c3	-0. 0002***	0. 0007***	-0. 0002***	0. 0007***	-0. 0002***	0. 0005***
	(0. 0000)	(0. 0000)	(0. 0000)	(0. 0000)	(0. 0000)	(0. 0000)
RDintense_ c3	-0. 0023	-0. 0014	-0. 0022	-0. 0014	-0. 0022	-0. 0014
	(0. 0026)	(0. 0055)	(0. 0026)	(0. 0055)	(0. 0026)	(0. 0055)
FDIrevshare_ c3	-0. 0088	-0. 0083	0. 0216***	0. 0221*		
	(0. 0082)	(0. 0156)	(0. 0064)	(0. 0128)		
productivty_ c3	-0. 0001***	-0. 0002***	-0. 0001***	-0. 0002***	-0. 0001***	-0. 0002***
	(0. 0000)	(0. 0000)	(0. 0000)	(0. 0000)	(0. 0000)	(0. 0000)

续表

变量	(1)		(2)		(3)	
	expintens	expselect	expintens	expselect	expintens	expselect
marketstru_ c3	-0.0982*** (0.0039)	-0.1477*** (0.0075)	-0.0991*** (0.0039)	-0.1468*** (0.0075)	-0.0961*** (0.0039)	-0.1493*** (0.0075)
revdivers_ c3	0.0012 (0.0083)	-0.1721*** (0.0161)	0.0018 (0.0083)	-0.1735*** (0.0161)	-0.0002 (0.0083)	-0.1629*** (0.0160)
region1		0.0907*** (0.0094)		0.0913*** (0.0094)		0.0887*** (0.0094)
region2		0.4430*** (0.0096)		0.4427*** (0.0096)		0.4428*** (0.0096)
rev		0.0000*** (0.0000)		0.0000*** (0.0000)		0.0000*** (0.0000)
_ cons	-0.1899*** (0.0133)	-1.7252*** (0.0138)	-0.1936*** (0.0133)	-1.7237*** (0.0138)	-0.1921*** (0.0133)	-1.7239*** (0.0137)
λ		0.2092*** (0.0063)		0.2111*** (0.0063)		0.2113*** (0.0063)
N	653397		653397		653413	
χ^2	27631.3753		27618.8135		27421.5615	
ρ	0.5759		0.5797		0.5800	
σ	0.3633		0.3641		0.3643	

由表4-6的回归结果可以看出，方程的拟合程度较好，选取Heckman模型也是合适的。对于关键的自变量，三个方程对出口密集度进行回归时，交叉项的系数都显著为正，而出口选择方程的交叉项系数都为负，有两个方程不显著。以FDI密集度为溢出变量的方程是显著的。根据此回归结果我们可以判断，在观察企业的出口密集度时，区域中本行业企业的数量对于FDI的出口溢出效应是有显著的增强作用的，但对企业出口选择行为影响不明显。因此，总体来说企业数量对于FDI的出口溢出是有一定的影响作用的。企业

数量增大之所以会增强 FDI 的出口溢出效应，其主要原因是在企业密集的区域，FDI 出口的相关信息和知识更容易传播和扩散，即国内企业之间的知识溢出增强了 FDI 的知识外溢。而出口选择方程与出口密集度方程的系数符号相反，主要是由于非出口企业没有足够的出口知识的积累，即使国内企业间的外部性较强，其获得的知识也很有限。

4.4 小结

本章主要就 FDI 对国内企业出口溢出的空间效应进行了实证分析，这主要从空间距离以及企业密集程度两方面进行验证。在空间距离方面，从省域、城市以及县区三个层次进行分析，发现随着空间范围的缩小，FDI 对本区域国内企业的出口溢出效应在增强，这说明 FDI 的出口溢出效应确实与空间距离有关。

对于企业密度，当我们把县区三位数企业数量与 FDI 溢出变量交叉时，出口密集度方程的系数都显著为正，说明随着区域内同行业企业数量的增加，FDI 出口溢出的效应也在增强。

通过对以上两个方面的实证分析发现，FDI 出口溢出存在明显的空间效应，这体现在空间距离和同行业企业的密集度两个方面，同时也说明产业集群是 FDI 出口溢出的重要场所，考察集群内 FDI 的出口溢出是必要的。

5 FDI 在集群中出口溢出的渠道

第 4 章验证了 FDI 出口溢出的空间效应，说明产业集群是 FDI 出口溢出的重要场所，在集群中 FDI 的溢出效应更加明显，因此有必要对产业集群中的 FDI 出口溢出作进一步的研究。本章我们首先以集群企业为样本考察产业集群中 FDI 出口溢出的作用；其次在了解 FDI 在集群中出口溢出效果的基础上，我们还想知道这种溢出是通过什么渠道发生的。这里主要关注信息渠道和技术渠道两个方面。

5.1 数据与变量

本章使用的数据是集群企业数据，在第 3 章中，我们集群的界限为县级三位数行业中有 39 个以上的企业。如果按照一个界限进行划分，则在 2005 ~ 2007 年这三年中，某一些集群可能不会持续存在于样本中，而企业的进入或退出样本会影响因变量，所以为了保证企业的相对持续性，本章主要挑选出持续存在于样本中的集群，即企业可能在三年中不连续，但集群是要连续的，我们要观察固定的集群。具体方法是以 39 个企业为界限，选出 2005 年、2006 年和

2007 年的集群，然后再从中挑选出 515 个固定的产业集群，在回归分析时，仅对这 515 个集群中的企业进行计算。表 5－1 是这部分集群的基本情况。

表 5－1 集群样本基本情况

年份	2005	2006	2007
集群数量（个）	515	515	515
集群企业数量（家）	38821	42994	48266
集群企业销售收入（亿元）	29262	36310	44463
集群企业销售产值（亿元）	28756	35727	43960
集群企业出口总额（亿元）	10029	13629	15643

资料来源：根据中国工业企业数据库计算而得。

本章对于产业集群内溢出效应的度量采用集群内三位数行业 FDI 在本行业内的比重，即集群内 FDI 的密集度以及 FDI 销售收入区位商作为溢出变量。而在度量溢出渠道时，主要把有关因素与溢出变量形成交叉项进行回归分析。在信息渠道方面，主要采取 FDI 企业就业人数、平均工资、人均教育培训费用、教育培训费用占增加值比重以及企业出口密集度这几个因素进行度量和测算。在集群中，知识外溢的一个重要渠道就是劳动力在企业之间的流动，那么 FDI 出口信息溢出，劳动力流动也是一个重要的途径。如果 FDI 企业就业人数较多，则 FDI 企业劳动力流向周围国内企业时，信息的扩散就会比较广；如果平均工资比较高，则劳动力的素质也较高，这样 FDI 企业的劳动力流向国内企业时，其传播信息的能力也较强。教育培训费用越高的 FDI 企业，其员工获得的 FDI 出口信息就越多，那么在劳动力流出 FDI 时，知识外溢的效应也就越强。另外，如果 FDI 企业出口密集度越高，其出口信息量也就越大，国内企业接收到的外部性也就越大。

对于技术溢出的渠道，主要看 FDI 企业的技术水平，如果随着 FDI 技术水平的上升，FDI 出口溢出的效应会增强，我们就认为技术溢出的渠道发挥了作用。而企业的技术水平主要看 FDI 企业的研发密集度、FDI 新产品的密集度、FDI 企业的资本密集度以及 FDI 企业的劳动生产率。

各变量的符号和解释在表 5－2 进行了具体的阐述，部分变量与第 4 章的变量相同，在此就不做介绍了。

表 5－2 变量解释

类型	变量	变量度量和含义
溢出变量	FDI_ rev_ c3_ lq	三位数行业的 FDI 在集群内的区位商，以销售收入度量
	FDI_ labor_ c3_ lq	三位数行业的 FDI 在集群内的区位商，以就业人数度量
	FDI_ rev_ c3_ rate	三位数行业 FDI 的销售收入在本集群本行业内的比重
信息溢出	ForeignHT_ labor_ c3	集群内 FDI 就业人数
	FDIrevlaborinter2	foreignHT_ labor_ c3 × FDI_ rev_ c3_ rate
	FDI_ averagewageall_ c3	集群中 FDI 的平均工资
	FDIrevwagealinter2	集群 FDI 平均工资与 FDI 区域份额的交叉项 FDI_ averagewageall_ c3 × FDI_ rev_ c3_ rate
	FDI_ edu_ avg_ c3	集群中 FDI 人均教育培训费用
	FDIreveduainter2	集群中 FDI 人均教育培训费用与集群行业 FDI 销售收入比重交叉项
	FDI_ edurate_ c3	集群中 FDI 企业教育培训费用比重
	FDIreveduRinter2	集群中 FDI 教育培训费用比重与集群 FDI 销售比重交叉项
	FDI_ exp_ c3_ rate	集群中 FDI 出口比重
	FDIrevexprateinter2	集群中 FDI 出口比重与集群 FDI 销售收入比重的交叉项
	foreignHT_ exp_ c3	集群中 FDI 出口额
	FDIrevexpinter2	集群中 FDI 出口额与 FDI 销售收入比重的交叉项

续表

类型	变量	变量度量和含义
技术溢出	FDIRDintense_ c3	集群中 FDI 研发密集度
	FDIrevRDinter2	集群中 FDI 研发密集度与集群 FDI 销售收入比重的交叉项
	FDI_ newpintens_ c3	集群中 FDI 新产品密集度
	FDIrevnewpinter2	集群中 FDI 新产品密集度与集群 FDI 销售收入比重的交叉项
	FDIefficien_ c3	集群中 FDI 劳动生产率
	FDIreveffinter2	集群中 FDI 劳动生产率与集群 FDI 销售收入比重的交叉项
	FDIassetinten_ c3	集群中 FDI 资本密集度
	FDIrevassetinter2	集群中 FDI 资本密集度与集群 FDI 销售收入比重交叉项

表 5－3 为主要变量的描述性统计，在本章的回归中仍然仅把国内企业作为考察对象，在 515 个集群中，三年全部国内企业样本共 9.6 万多个，其中出口量大于 0 的企业有 29860 家。

表 5－3 主要变量的描述性统计

变量	观测值	均值	方差	最小值	最大值
expintens	29860	0.6693	0.3642	0.00	1.00
FDI_ rev_ c3_ lq	96787	0.8259	0.6574	0.00	5.46
FDI_ labor_ c3_ lq	96787	0.8476	0.6849	0.00	6.22
FDI_ rev_ c3_ rate	96787	0.2801	0.2424	0.00	1.00
foreignHT_ labor_ c3	96787	8437.3550	17329.4300	0.00	308019
FDIrevlaborinter2	96787	4513.5870	14274.5100	－29.90	303826.50
FDI_ averagewageall_ c3	91617	23.3440	13.4515	5.90	153.17
FDIrevwagealinter2	91617	0.1202	7.2910	－13.50	86.66
FDI_ edu_ avg_ c3	91617	0.1233	0.3830	－0.06	10.25
FDIreveduainter2	91617	－0.0123	0.0661	－0.14	1.74
FDI_ edurate_ c3	91617	0.0016	0.0040	0.00	0.10
FDIrevedurinter2	91617	－0.0001	0.0007	0.00	0.02
FDI_ exp_ c3_ rate	93191	0.4184	0.3120	0.00	1.00
FDIrevexprateinter2	93191	0.0468	0.1244	－0.32	0.54

续表

变量	观测值	均值	方差	最小值	最大值
foreignHT_ exp_ c3	96787	1418597	7414369	0. 00	220000000
FDIrevexpinter2	91617	0. 0492	0. 1249	-0. 31	0. 63
FDIRDintense_ c3	91617	0. 0086	0. 0410	0. 00	1. 15
FDIrevRDinter2	91617	0. 0011	0. 0177	-0. 01	0. 43
FDI_ newpintens_ c3	91617	0. 0730	0. 1519	0. 00	0. 99
FDIrevnewpinter2	91617	0. 0122	0. 0750	-0. 05	0. 68
FDIeffficien_ c3	91617	106. 1915	118. 2553	1. 52	1308. 51
FDIreveffinter2	91617	-11. 1082	60. 4862	-129. 42	911. 23
FDIassetinten_ c3	91617	86. 0450	98. 4487	1. 53	1140. 98
FDIrevassetinter2	91617	-17. 2183	48. 4068	-134. 89	977. 98

5.2 集群中 FDI 的出口溢出

5.2.1 计量模型

对于集群中的 FDI 出口溢出效应，仍然采用与第 4 章相同的方法，即用 Heckman 模型来避免样本选择性偏误，用 FDI 销售收入的区位商和 FDI 的密集度来作为溢出变量。当溢出变量为集群 FDI 销售收入区位商时，计量模型如下：

出口密集度方程：

expintens $=\beta_0+\beta_1$ 集群 FDI 销售收入区位商 +

β_4 企业特征变量 $+\beta_3$ 集群特征变量 +

β_5 行业特征变量 $+\beta X+u_{1i}$

出口选择方程：

$$\begin{aligned} expselect = &\beta_0 + \beta_1 \text{集群 FDI 销售收入区位商} + \\ &\beta_4 \text{企业特征变量} + \beta_3 \text{集群特征变量} + \\ &\beta_5 \text{行业特征变量} + \beta X + u_{2i} \end{aligned}$$

当集群 FDI 溢出变量为集群 FDI 销售收入在本地本行业的比重时，则在以上方程的相应位置替换集群 FDI 销售收入区位商。

5.2.2 回归结果

下面仍然采用 Heckman 模型进行回归，并且在回归过程中都用行业虚拟变量对行业进行了控制，回归结果如表 5－4 所示。

表 5－4 集群中的 FDI 出口溢出回归结果

变量	(1)		(2)	
	expintens	expselect	expintens	expselect
FDI_ rev_ c3_ rate	0.1130*** (0.0102)	0.1039*** (0.0266)		
FDI_ rev_ c3_ lq			0.0497*** (0.0087)	0.0720*** (0.0169)
RDintense1	0.0157* (0.0088)	0.0366 (0.0227)	0.0187** (0.0093)	0.0297 (0.0216)
newpintense	0.0330*** (0.0112)	0.7453*** (0.0285)	0.0857*** (0.0125)	0.8264*** (0.0281)
productivity	−0.0001*** (0.0000)	−0.0003*** (0.0000)	−0.0001*** (0.0000)	−0.0003*** (0.0000)
averagewageall	0.0007*** (0.0002)	0.0004** (0.0002)	0.0009*** (0.0002)	0.0004** (0.0002)
capitalintense	−0.0005*** (0.0000)	−0.0006*** (0.0001)	−0.0005*** (0.0000)	−0.0007*** (0.0001)
averageedu	−0.0052 (0.0035)	0.0355*** (0.0074)	−0.0007 (0.0037)	0.0438*** (0.0071)

续表

变量	(1)		(2)	
	expintens	expselect	expintens	expselect
profitrate	-0.1541*** (0.0236)	-0.0151 (0.0196)	-0.1743*** (0.0243)	-0.0123 (0.0192)
debtrate	0.0092 (0.0076)	0.2092*** (0.0184)	0.0154* (0.0081)	0.2401*** (0.0181)
expintens_ 3	0.8928*** (0.0271)	1.8433*** (0.0538)	1.3253*** (0.0341)	2.7904*** (0.0537)
expshareindu	-0.5622** (0.2455)	-0.6031 (0.5950)	1.1125*** (0.2560)	2.4234*** (0.5781)
year2	0.0151*** (0.0045)	-0.0283** (0.0117)	0.0239*** (0.0048)	0.0095 (0.0114)
year3	0.0356*** (0.0047)	-0.0666*** (0.0118)	0.0501*** (0.0049)	-0.0029 (0.0115)
expintens_ c	0.7667*** (0.0212)	1.9972*** (0.0453)		
expshare_ c	-5.2289*** (0.7244)	16.3455*** (1.6213)		
FDIshare_ c	-3.4654*** (0.9189)	-42.9718*** (1.8721)		
revlq_ c3	-0.0005*** (0.0001)	0.0012*** (0.0002)		
RDintense_ c3	-0.3876*** (0.1025)	-0.4930** (0.2206)	-0.4626*** (0.1072)	-0.5415** (0.2143)
productivty_ c3	-0.0007*** (0.0000)	-0.0008*** (0.0001)	-0.0012*** (0.0001)	-0.0021*** (0.0001)
marketstru_ c3	-0.0172 (0.0308)	-0.5119*** (0.0738)	-0.3162*** (0.0332)	-1.1562*** (0.0723)
revdivers_ c3	-0.2136*** (0.0226)	-0.0910 (0.0565)	-0.1669*** (0.0197)	0.2910*** (0.0477)
region1		0.3126*** (0.0482)		0.7607*** (0.0470)

续表

变量	(1)		(2)	
	expintens	expselect	expintens	expselect
region2		0.9950*** (0.0518)		1.2881*** (0.0515)
rev		0.0000*** (0.0000)		0.0000*** (0.0000)
_cons	0.0244 (0.0280)	-1.8004*** (0.0657)	-0.0018 (0.0291)	-1.9840*** (0.0658)
λ		0.1417*** (0.0124)		0.2108*** (0.0139)
N	96492		96492	
χ^2	6501.6743		5546.4396	
ρ	0.4401		0.5957	
σ	0.3220		0.3539	

由表5-4可知，Wald统计量的χ^2估计值仍然是显著的，说明方程总体拟合程度较高，Heckman模型的相关参数也说明Heckman模型估计方法是恰当的，大部分控制变量是显著的。关键的自变量是FDI销售收入的区位商和FDI密集度，即FDI销售比重，这两个变量在出口密集度和出口选择两个方程中都显著为正，且系数较大，系数大于第4章中县区层面的回归结果，即相对于县区范围内的分析，FDI在产业集群中出口溢出的效应更强。其主要原因是集群中的同行业企业数量更大、更密集，这导致产业集群比一般的县区的空间范围具有更强的外部性，信息的传播更迅速，结果是FDI出口溢出的效应也更强。表5-4的回归结果证明了相对于其他空间范围，FDI出口溢出在集群中的效果更加明显，也进一步说明了FDI出口溢出存在较强的空间效应。

5.3 出口溢出的信息渠道

5.3.1 出口密集度与出口溢出

5.3.1.1 计量模型

FDI 出口溢出过程中信息渠道的作用可以通过 FDI 企业的出口行为来测量，当 FDI 出口密集度或出口量越高时，FDI 出口行为越频繁，其 FDI 有关出口的信息就越多，则 FDI 对本土企业产生的溢出效应也就越大。下面就把 FDI 企业的出口密集度和 FDI 企业的出口量与 FDI 溢出变量进行交叉，进一步考察 FDI 出口溢出的信息渠道。由于在此处已经引入了两个指标度量 FDI 企业出口行为，因此为了回归结果的简洁明了，仅选取 FDI 销售收入比重即 FDI 的密集度来作为 FDI 溢出变量，在选取 FDI 销售收入比重时，回归结果也比较显著。当 FDI 出口行为较为频繁，出口较大时，其出口和国际营销的相关信息就更容易被观察到，所以我们估计，FDI 出口密集度越大，出口量越大，则出口溢出的效应就越强。这里仍然采用 Heckman 模型进行回归分析。

出口密集度方程：

$$\begin{aligned}\text{expintens} = {} & \beta_0 + \beta_1 \text{集群 FDI 销售收入比重} + \\ & \beta_2 \text{集群 FDI 出口密集度} + \\ & \beta_3 \text{集群 FDI 销售收入比重} \times \\ & \text{集群 FDI 出口密集度} + \beta_4 \text{企业特征变量} + \\ & \beta_5 \text{集群特征变量} + \beta_6 \text{行业特征变量} + \beta X + u_{1i}\end{aligned}$$

出口选择方程：

$$\begin{aligned}\text{expselect} = &\beta_0 + \beta_1 \text{集群 FDI 销售收入比重} + \\ &\beta_2 \text{集群 FDI 出口密集度} + \\ &\beta_3 \text{集群 FDI 销售收入比重} \times \\ &\text{集群 FDI 出口密集度} + \\ &\beta_4 \text{企业特征变量} + \beta_3 \text{集群特征变量} + \\ &\beta_5 \text{行业特征变量} + \beta X + u_{2i}\end{aligned}$$

当用集群 FDI 出口量表示集群 FDI 出口表现时，在以上方程的相应位置替换集群 FDI 出口密集度即可。

5.3.1.2 回归结果

下面，仍然采用 Heckman 模型进行回归，并且在回归过程中都用行业虚拟变量对行业进行了控制，回归结果如表 5－5 所示。

表 5－5 FDI 出口与信息溢出回归结果

变量	(1)		(2)	
	expintens	expselect	expintens	expselect
FDI_ exp_ c3_ rate	−0.4398*** (0.0226)	−1.3037*** (0.0371)		
FDIrevexprateinter2	−0.4243*** (0.0346)	−0.6098*** (0.0849)		
foreignHT_ exp_ c3			−0.0000 (0.0000)	−0.0000 (0.0000)
FDIrevexpinter2			0.4439*** (0.0287)	1.6899*** (0.0598)
FDI_ rev_ c3_ rate	0.7189*** (0.0265)	1.6672*** (0.0466)	−0.0222* (0.0132)	−0.2622*** (0.0303)
RDintense1	0.0205** (0.0087)	0.0355* (0.0216)	0.0173* (0.0088)	0.0418* (0.0229)

续表

变量	(1)		(2)	
	expintens	expselect	expintens	expselect
Newpintense	0.0259 **	0.6826 ***	0.0289 **	0.7410 ***
	(0.0109)	(0.0287)	(0.0118)	(0.0296)
Productivity	-0.0001 ***	-0.0003 ***	-0.0001 ***	-0.0004 ***
	(0.0000)	(0.0000)	(0.0000)	(0.0000)
averagewageall	0.0007 ***	0.0003	0.0007 ***	0.0003
	(0.0002)	(0.0002)	(0.0002)	(0.0002)
Capitalintense	-0.0004 ***	-0.0005 ***	-0.0005 ***	-0.0005 ***
	(0.0000)	(0.0001)	(0.0000)	(0.0001)
Averageedu	-0.0049	0.0328 ***	-0.0059 *	0.0386 ***
	(0.0035)	(0.0074)	(0.0035)	(0.0079)
Profitrate	-0.1355 ***	-0.0038	-0.1537 ***	-0.0233
	(0.0234)	(0.0189)	(0.0239)	(0.0188)
Debtrate	0.0018	0.1827 ***	0.0056	0.1966 ***
	(0.0076)	(0.0189)	(0.0077)	(0.0189)
expintens_ 3	0.8010 ***	1.4523 ***	0.8394 ***	1.6381 ***
	(0.0257)	(0.0557)	(0.0278)	(0.0556)
Expshareindu	-1.1762 ***	-3.0473 ***	-0.1291	0.0907
	(0.2462)	(0.6056)	(0.2964)	(0.7027)
year2	0.0209 ***	-0.0104	0.0128 ***	-0.0374 ***
	(0.0045)	(0.0119)	(0.0046)	(0.0120)
year3	0.0421 ***	-0.0467 ***	0.0341 ***	-0.0723 ***
	(0.0047)	(0.0120)	(0.0049)	(0.0122)
expintens_ c	0.7187 ***	1.7652 ***	0.7033 ***	1.6324 ***
	(0.0204)	(0.0468)	(0.0211)	(0.0470)
expshare_ c	-4.5473 ***	15.7157 ***	-7.4855 ***	8.7342 ***
	(0.7217)	(1.6394)	(0.7349)	(1.6690)
FDIshare_ c	-2.6489 ***	-37.9760 ***	-0.2987	-32.4896 ***
	(0.8926)	(1.8603)	(0.9148)	(1.8869)
revlq_ c3	-0.0006 ***	0.0008 ***	-0.0006 ***	0.0012 ***
	(0.0001)	(0.0002)	(0.0001)	(0.0002)

续表

变量	(1)		(2)	
	expintens	expselect	expintens	expselect
RDintense_ c3	-0.9145***	-2.0165***	-0.1098	0.3684
	(0.1052)	(0.2275)	(0.1053)	(0.2295)
productivty_ c3	-0.0008***	-0.0010***	-0.0006***	-0.0003***
	(0.0000)	(0.0001)	(0.0000)	(0.0001)
marketstru_ c3	-0.0121	-0.6408***	-0.0285	-0.7039***
	(0.0313)	(0.0753)	(0.0325)	(0.0793)
revdivers_ c3	-0.2176***	-0.0775	-0.1819***	-0.1636***
	(0.0226)	(0.0578)	(0.0249)	(0.0620)
region1		0.3223***		0.3181***
		(0.0496)		(0.0618)
region2		0.9599***		0.8157***
		(0.0537)		(0.0650)
Rev		0.0000***		0.0000***
		(0.0000)		(0.0000)
_ cons	0.0558**	-1.4017***	0.0820***	-1.5716***
	(0.0257)	(0.0686)	(0.0287)	(0.0779)
λ		0.1580***		0.1475***
		(0.0126)		(0.0142)
N	92930		91345	
χ^2	6964.7375		5277.5546	
ρ	0.4874		0.4558	
σ	0.3242		0.3236	

由表 5-5 可知，方程总体的拟合程度仍然较高，λ 仍然比较显著，说明回归方法总体上是合适的。对于关键自变量，即 FDI 出口密集度和出口量与 FDI 溢出变量的交叉项的系数，发现前者的系数显著为负，而出口量的系数显著为正。由于二者结果相互矛盾，所以 FDI 的出口行为对于 FDI 出口溢出效应的影响，通过此实证结果

难以得到证明。

5.3.2 劳动力流动与出口溢出

5.3.2.1 变量与模型

由于加入 FDI 出口密集度以及出口量两个关键变量后，回归结果出现矛盾，所以我们很难判断 FDI 出口溢出信息渠道的作用，因此，将采用其他的度量方法来测度信息渠道的作用。正如 Zucker 和 Darby（1996）所指出的，知识体现于拥有技能、诀窍并可从事技术发展的个体劳动者身上，所以，劳动力在企业之间的流动是信息溢出的重要渠道。下面从劳动力流动的角度来度量信息渠道，再次进行回归分析。因为无法直接获得劳动力流动的数据，所以我们只是把劳动力流动作为产业集群的一个基本特征，然后以集群中 FDI 企业劳动力的特征来度量劳动力流动所带来的信息溢出。我们主要从劳动力的数量和质量两个方面进行实证分析，劳动力的数量由 FDI 企业中的就业人数来代表，而劳动力的质量由劳动力的平均工资、人均教育培训费用以及企业教育培训费用占增加值的比重来表示。溢出变量选用 FDI 的密集度，通过把劳动力的特征与溢出变量进行交叉来考察溢出的渠道。在此，为避免样本选择偏误，仍然用 Heckman 模型进行回归，企业样本仍然来自 515 个持续存在的集群。对于交叉项，各变量在交叉前分别减去了样本的平均值，以避免多重共线性。

出口密集度方程：

expintens = β_0 + β_1 集群 FDI 销售收入比重 +

β_2 集群 FDI 劳动力特征 +

β_3 集群 FDI 销售收入比重 ×

集群 FDI 劳动力特征 +

β_4 企业特征变量 +

β_5 集群特征变量 +

β_6 行业特征变量 $+\beta X+u_{1i}$

出口选择方程:

expselect $=\beta_0+\beta_1$ 集群 FDI 销售收入比重 +

β_2 集群 FDI 劳动力特征 +

β_3 集群 FDI 销售收入比重 ×

集群 FDI 劳动力特征 +

β_4 企业特征变量 $+\beta_3$ 集群特征变量 +

β_5 行业特征变量 $+\beta X+u_{2i}$

集群 FDI 劳动力特征在不同的方程中分别为集群 FDI 劳动力数量、集群 FDI 企业平均工资、集群 FDI 职工教育培训费比重，以及集群 FDI 人均教育培训费。

5.3.2.2 回归结果

下面，仍然采用 Heckman 模型进行回归，并且在回归过程中都用行业虚拟变量对行业进行控制，回归结果如表 5－6 和表 5－7 所示。

表 5－6 劳动力流动的回归结果（1）

变量	(1)		(2)	
	expintens	expselect	expintens	expselect
foreignHT_ labor_ c3	0.0000 ***	0.0000 ***		
	(0.0000)	(0.0000)		
FDIrevlaborinter2	-0.0000 ***	-0.0000 ***		
	(0.0000)	(0.0000)		

续表

变量	(1)		(2)	
	expintens	expselect	expintens	expselect
FDI_ averagewageall_ c3			0. 0024 ***	-0. 0074 ***
			(0. 0004)	(0. 0009)
FDIrevwagealinter2			-0. 0052 ***	-0. 0029 *
			(0. 0007)	(0. 0017)
FDI_ rev_ c3_ rate	0. 0902 ***	0. 0489 *	0. 0756 ***	0. 1657 ***
	(0. 0109)	(0. 0283)	(0. 0115)	(0. 0285)
RDintense1	0. 0158 *	0. 0375	0. 0153 *	0. 0537 **
	(0. 0088)	(0. 0229)	(0. 0088)	(0. 0239)
newpintense	0. 0339 ***	0. 7471 ***	0. 0259 **	0. 7797 ***
	(0. 0112)	(0. 0285)	(0. 0119)	(0. 0298)
productivity	-0. 0001 ***	-0. 0003 ***	-0. 0001 ***	-0. 0004 ***
	(0. 0000)	(0. 0000)	(0. 0000)	(0. 0000)
averagewageall	0. 0007 ***	0. 0004 **	0. 0005 ***	0. 0007 ***
	(0. 0002)	(0. 0002)	(0. 0002)	(0. 0002)
capitalintense	-0. 0005 ***	-0. 0006 ***	-0. 0005 ***	-0. 0005 ***
	(0. 0000)	(0. 0001)	(0. 0000)	(0. 0001)
averageedu	-0. 0051	0. 0352 ***	-0. 0057	0. 0375 ***
	(0. 0035)	(0. 0075)	(0. 0035)	(0. 0080)
profitrate	-0. 1544 ***	-0. 0147	-0. 1457 ***	-0. 0295
	(0. 0236)	(0. 0196)	(0. 0239)	(0. 0189)
debtrate	0. 0100	0. 2075 ***	0. 0040	0. 2007 ***
	(0. 0076)	(0. 0185)	(0. 0077)	(0. 0189)
expintens_ 3	0. 9008 ***	1. 8292 ***	0. 8983 ***	1. 7732 ***
	(0. 0273)	(0. 0541)	(0. 0284)	(0. 0554)
expshareindu	-1. 1047 ***	-1. 6065 **	-0. 2498	1. 2023 *
	(0. 2668)	(0. 6332)	(0. 2532)	(0. 6264)
year2	0. 0128 ***	-0. 0335 ***	0. 0132 ***	-0. 0095
	(0. 0045)	(0. 0117)	(0. 0046)	(0. 0120)
year3	0. 0306 ***	-0. 0788 ***	0. 0331 ***	-0. 0172
	(0. 0048)	(0. 0119)	(0. 0050)	(0. 0124)

续表

变量	(1)		(2)	
	expintens	expselect	expintens	expselect
expintens_ c	0. 7852 *** (0. 0217)	2. 0321 *** (0. 0460)	0. 7453 *** (0. 0224)	1. 8844 *** (0. 0465)
expshare_ c	-5. 7410 *** (0. 7319)	15. 0314 *** (1. 6664)	-5. 0322 *** (0. 7353)	14. 3023 *** (1. 6583)
FDIshare_ c	-3. 5714 *** (0. 9220)	-42. 7046 *** (1. 8878)	-3. 3002 *** (0. 9310)	-38. 7828 *** (1. 9044)
revlq_ c3	-0. 0007 *** (0. 0001)	0. 0010 *** (0. 0002)	-0. 0006 *** (0. 0001)	0. 0015 *** (0. 0002)
RDintense_ c3	-0. 3677 *** (0. 1026)	-0. 4840 ** (0. 2212)	-0. 3699 *** (0. 1091)	0. 5511 ** (0. 2403)
productivty_ c3	-0. 0007 *** (0. 0000)	-0. 0007 *** (0. 0001)	-0. 0007 *** (0. 0000)	-0. 0005 *** (0. 0001)
marketstru_ c3	0. 0074 (0. 0322)	-0. 4404 *** (0. 0762)	0. 0312 (0. 0316)	-0. 5328 *** (0. 0765)
revdivers_ c3	-0. 1892 *** (0. 0229)	-0. 0376 (0. 0567)	-0. 1723 *** (0. 0247)	-0. 1817 *** (0. 0611)
region1		0. 2986 *** (0. 0482)		0. 3636 *** (0. 0614)
region2		0. 9824 *** (0. 0517)		0. 8426 *** (0. 0642)
rev		0. 0000 *** (0. 0000)		0. 0000 *** (0. 0000)
_ cons	0. 0003 (0. 0286)	-1. 8298 *** (0. 0658)	-0. 0078 (0. 0305)	-1. 7231 *** (0. 0791)
λ		0. 1461 *** (0. 0125)		0. 1350 *** (0. 0141)
N	96492		91345	
χ^2	6504. 0184		5596. 1666	
ρ	0. 4522		0. 4211	
σ	0. 3231		0. 3206	

表 5-7 劳动力流动的回归结果（2）

变量	(1)		(2)	
	expintens	expselect	expintens	expselect
FDI_ edu_ avg_ c3	0.0110 (0.0115)	0.0744 *** (0.0216)		
FDIreveduainter2	-0.0769 * (0.0442)	0.2216 ** (0.1056)		
FDI_ edurate_ c3			3.9325 *** (0.8558)	10.1499 *** (1.9551)
FDIreveduinter2			-4.8046 (3.3600)	46.6204 *** (10.7325)
FDI_ rev_ c3_ rate	0.1034 *** (0.0106)	0.1100 *** (0.0275)	0.1120 *** (0.0104)	0.1261 *** (0.0272)
RDintense1	0.0153 * (0.0088)	0.0391 * (0.0229)	0.0158 * (0.0088)	0.0398 * (0.0230)
newpintense	0.0282 ** (0.0117)	0.7343 *** (0.0294)	0.0300 ** (0.0118)	0.7373 *** (0.0294)
productivity	-0.0001 *** (0.0000)	-0.0003 *** (0.0000)	-0.0001 *** (0.0000)	-0.0003 *** (0.0000)
averagewageall	0.0007 *** (0.0002)	0.0003 (0.0002)	0.0007 *** (0.0002)	0.0003 (0.0002)
capitalintense	-0.0005 *** (0.0000)	-0.0005 *** (0.0001)	-0.0005 *** (0.0000)	-0.0005 *** (0.0001)
averageedu	-0.0059 * (0.0035)	0.0335 *** (0.0078)	-0.0070 ** (0.0035)	0.0312 *** (0.0079)
profitrate	-0.1508 *** (0.0239)	-0.0236 (0.0187)	-0.1545 *** (0.0239)	-0.0252 (0.0186)
debtrate	0.0048 (0.0077)	0.1985 *** (0.0188)	0.0053 (0.0077)	0.1955 *** (0.0188)
expintens_ 3	0.8964 *** (0.0288)	1.8740 *** (0.0548)	0.8927 *** (0.0287)	1.8364 *** (0.0549)
expshareindu	-0.4657 * (0.2486)	-0.2134 (0.6041)	-0.4480 * (0.2484)	-0.2488 (0.6033)

续表

变量	(1)		(2)	
	expintens	expselect	expintens	expselect
year2	0.0148***	-0.0282**	0.0151***	-0.0282**
	(0.0046)	(0.0119)	(0.0046)	(0.0119)
year3	0.0360***	-0.0571***	0.0363***	-0.0554***
	(0.0048)	(0.0120)	(0.0048)	(0.0120)
expintens_c	0.7559***	1.8038***	0.7594***	1.8073***
	(0.0219)	(0.0463)	(0.0219)	(0.0462)
expshare_c	-5.3059***	19.2702***	-5.0913***	19.0581***
	(0.7481)	(1.6388)	(0.7426)	(1.6220)
FDIshare_c	-3.3595***	-44.0688***	-3.5158***	-43.1194***
	(0.9503)	(1.8743)	(0.9450)	(1.8613)
revlq_c3	-0.0006***	0.0018***	-0.0006***	0.0019***
	(0.0001)	(0.0002)	(0.0001)	(0.0002)
RDintense_c3	-0.3365***	-0.6780***	-0.3546***	-0.6706***
	(0.1052)	(0.2269)	(0.1049)	(0.2265)
productivty_c3	-0.0008***	-0.0010***	-0.0008***	-0.0009***
	(0.0000)	(0.0001)	(0.0000)	(0.0001)
marketstru_c3	0.0181	-0.6058***	0.0150	-0.5733***
	(0.0318)	(0.0771)	(0.0316)	(0.0767)
revdivers_c3	-0.1832***	-0.2733***	-0.2050***	-0.3282***
	(0.0250)	(0.0612)	(0.0253)	(0.0619)
region1		0.2977***		0.2784***
		(0.0610)		(0.0610)
region2		0.8071***		0.7812***
		(0.0640)		(0.0640)
rev		0.0000***		0.0000***
		(0.0000)		(0.0000)
_cons	0.0351	-1.6996***	0.0267	-1.6891***
	(0.0297)	(0.0771)	(0.0298)	(0.0770)
λ		0.1453***		0.1482***
		(0.0140)		(0.0141)

续表

变量	(1)		(2)	
	expintens	expselect	expintens	expselect
N	91345		91345	
χ^2	5416.3344		5413.2390	
ρ	0.4489		0.4567	
σ	0.3238		0.3245	

由表5－6和表5－7可知，方程的总体拟合程度依然较好，Heckman模型的相关参数也比较显著。在表5－6中，就业人数与溢出变量的交叉项在出口密集度方程和出口选择方程中都显著为负，并且系数值非常小，小数点后4位都为0，经济上并不显著。这说明FDI劳动力绝对的数量对FDI的出口溢出的影响不明显，其原因很可能是在中国，FDI的大部分劳动力是生产线上的工人，这部分工人有一定的生产技能，但对于FDI企业的贸易渠道、贸易方式等信息并不了解，掌握这部分信息的员工数量较少，其数量与总体员工的数量关系不大，因此，即使FDI有大规模的劳动力，但这对信息溢出的作用非常有限。另外，看平均工资。在表5－6中显示，出口密集度方程中交叉项的系数显著为负，出口选择方程中交叉项系数为负，在10%的水平上显著，说明平均工资对FDI的出口溢出效应影响为负，或不明显，这与预期的结果不同，虽然平均工资表示劳动力的质量，这一点有利于出口溢出，但平均工资也有限制溢出的方面，即如果平均工资较高，则劳动力从FDI企业流出，并进入国内企业的情况便会减少（Amsden，2001），这样也在一定程度上减弱了FDI的溢出效应。表5－7显示了引入职工教育培训费后的回归结果，发现无论是引入人均教育培训份额还是教育培训费占比，出口选择方程的交叉项都显著为正，而出口密集度方程的交叉项系数

显著为负或不显著。说明 FDI 企业内部对员工的培训对国内企业的出口选择有正向作用，其主要原因是 FDI 员工素质提高后，一旦部分员工流入国内企业，则对于没有出口经验的国内企业，其减少了知识积累的过程，从而促使其选择出口。同时表 5 –7 也表明 FDI 教育培训的增加对国内企业出口密集度的增加有负向作用，这主要是由于 FDI 企业教育培训的加强有利于 FDI 企业自身竞争力的增强，从而挤占了国内企业的出口份额，使国内企业的出口量下降。总体来说，从表 5 –6 和表 5 –7 的实证结果并没有发现劳动力流动成为 FDI 出口溢出的一个重要渠道，在四个代理变量中，有两个代理变量的交叉项不显著或系数为负，而对于教育培训费的两个变量，出口选择方程的交叉项系数也不显著或为负。因此说，我们没有发现 FDI 通过劳动力流动产生出口溢出的可靠证据。

从本节的实证结果可以发现，无论从 FDI 的出口行为还是从劳动力流动角度进行回归，都无法稳健地证明 FDI 在集群中主要通过信息渠道产生出口溢出，即集群中的国内企业并不是通过获得 FDI 的相关出口信息来提高出口密集度或选择出口行为的。那么，在信息渠道发挥作用有限的情况下，是不是 FDI 的技术溢出间接地导致了其出口溢出呢？下面将主要对 FDI 技术溢出对出口溢出的影响进行实证分析。

5.4 出口溢出的技术渠道

FDI 除直接溢出与出口相关的信息以促进国内企业出口值之外，还可能通过技术溢出提升国内企业的生产力，进而促进其出口。这里，从 FDI 企业现有的技术水平以及研发创新活动两个方面来考察 FDI 技术溢出对国内企业出口的影响。

5.4.1 技术水平与出口溢出

5.4.1.1 计量模型

对于技术溢出，我们首先考察 FDI 现有的技术水平对国内企业出口的溢出会产生什么影响，用 FDI 企业的人均增加值和资本密集度来度量企业现有的技术水平，用这两个变量分别与 FDI 在当地的密集度进行交叉，通过观察交叉项的系数来测度技术水平对出口溢出的影响，这里仍然使用 Heckman 模型。本节的 FDI 溢出变量仍然用集群 FDI 销售收入的比重来度量。

出口密集度方程：

$$\begin{aligned} expintens = &\beta_0 + \beta_1 \text{集群 FDI 销售收入比重} + \\ &\beta_2 \text{集群 FDI 技术水平} + \\ &\beta_3 \text{集群 FDI 销售收入比重} \times \\ &\text{集群 FDI 技术水平} + \beta_4 \text{企业特征变量} + \\ &\beta_5 \text{集群特征变量} + \beta_6 \text{行业特征变量} + \beta X + u_{1i} \end{aligned}$$

出口选择方程：

$$\begin{aligned} expselect = &\beta_0 + \beta_1 \text{集群 FDI 销售收入比重} + \\ &\beta_2 \text{集群 FDI 技术水平} + \\ &\beta_3 \text{集群 FDI 销售收入比重} \times \\ &\text{集群 FDI 技术水平} + \beta_4 \text{企业特征变量} + \\ &\beta_5 \text{集群特征变量} + \beta_6 \text{行业特征变量} + \beta X + u_{2i} \end{aligned}$$

以上方程中的集群 FDI 技术水平由集群 FDI 企业的人均增加值和集群 FDI 资本密集度两个变量来表示。

5.4.1.2 回归结果

下面，仍然采用 Heckman 模型进行回归，并且在回归过程中都用行业虚拟变量对行业进行了控制，回归结果如表 5－8 所示。

表 5－8 技术水平与出口溢出回归结果

变量	(1)		(2)	
	expintens	expselect	expintens	expselect
FDIeffficien_ c3	－0.0005 ***	－0.0011 ***		
	(0.0001)	(0.0001)		
FDIreveffinter2	0.0005 ***	0.0010 ***		
	(0.0001)	(0.0002)		
FDIassetinten_ c3			－0.0008 ***	－0.0015 ***
			(0.0001)	(0.0001)
FDIrevassetinter2			0.0002 **	0.0011 ***
			(0.0001)	(0.0003)
FDI_ rev_ c3_ rate	0.1639 ***	0.1947 ***	0.1453 ***	0.2211 ***
	(0.0130)	(0.0303)	(0.0150)	(0.0334)
RDintense1	0.0156 *	0.0419 *	0.0151 *	0.0374
	(0.0089)	(0.0235)	(0.0089)	(0.0228)
newpintense	0.0313 ***	0.7373 ***	0.0385 ***	0.7308 ***
	(0.0118)	(0.0295)	(0.0119)	(0.0294)
productivity	－0.0001 ***	－0.0003 ***	－0.0001 ***	－0.0003 ***
	(0.0000)	(0.0000)	(0.0000)	(0.0000)
averagewageall	0.0007 ***	0.0003	0.0007 ***	0.0002
	(0.0002)	(0.0002)	(0.0002)	(0.0002)
capitalintense	－0.0005 ***	－0.0005 ***	－0.0004 ***	－0.0004 ***
	(0.0000)	(0.0001)	(0.0000)	(0.0001)
averageedu	0.0065 *	0.0347 ***	－0.0052	0.0357 ***
	(0.0035)	(0.0077)	(0.0035)	(0.0076)
profitrate	－0.1513 ***	－0.0260	－0.1603 ***	－0.0241
	(0.0239)	(0.0190)	(0.0239)	(0.0188)

续表

变量	(1)		(2)	
	expintens	expselect	expintens	expselect
debtrate	0. 0048 (0. 0077)	0. 1953 *** (0. 0188)	0. 0107 (0. 0078)	0. 1991 *** (0. 0188)
expintens_ 3	0. 8892 *** (0. 0289)	1. 8564 *** (0. 0549)	0. 8239 *** (0. 0286)	1. 7356 *** (0. 0557)
expshareindu	-0. 6458 ** (0. 2576)	-0. 5261 (0. 6205)	-0. 5632 ** (0. 2500)	-0. 5677 (0. 6063)
year2	0. 0133 *** (0. 0046)	-0. 0292 ** (0. 0119)	0. 0135 *** (0. 0046)	-0. 0275 ** (0. 0120)
year3	0. 0342 *** (0. 0048)	-0. 0586 *** (0. 0120)	0. 0331 *** (0. 0048)	-0. 0606 *** (0. 0120)
expintens_ c	0. 7431 *** (0. 0220)	1. 7674 *** (0. 0472)	0. 7516 *** (0. 0219)	1. 7569 *** (0. 0469)
expshare_ c	-5. 0157 *** (0. 7529)	18. 5466 *** (1. 6638)	-5. 4791 *** (0. 7503)	18. 2173 *** (1. 6530)
FDIshare_ c	-3. 6514 *** (0. 9572)	-43. 5867 *** (1. 8999)	-3. 3686 *** (0. 9579)	-43. 3389 *** (1. 8916)
revlq_ c3	-0. 0006 *** (0. 0001)	0. 0016 *** (0. 0002)	-0. 0006 *** (0. 0001)	0. 0015 *** (0. 0002)
RDintense_ c3	-0. 3035 *** (0. 1048)	-0. 4790 ** (0. 2263)	-0. 3774 *** (0. 1051)	-0. 7056 *** (0. 2260)
productivty_ c3	-0. 0005 *** (0. 0001)	-0. 0003 ** (0. 0001)	-0. 0006 *** (0. 0000)	-0. 0007 *** (0. 0001)
marketstru_ c3	-0. 0047 (0. 0317)	-0. 6181 *** (0. 0765)	0. 0486 (0. 0318)	-0. 5601 *** (0. 0771)
revdivers_ c3	-0. 1873 *** (0. 0249)	-0. 2490 *** (0. 0608)	-0. 1910 *** (0. 0249)	-0. 1981 *** (0. 0612)
region1		0. 2730 *** (0. 0612)		0. 3054 *** (0. 0611)
region2		0. 7470 *** (0. 0642)		0. 7395 *** (0. 0646)

续表

变量	(1)		(2)	
	expintens	expselect	expintens	expselect
rev		0.0000 ***		0.0000 ***
		(0.0000)		(0.0000)
_cons	0.0499 *	-1.6236 ***	0.0875 ***	-1.5655 ***
	(0.0301)	(0.0779)	(0.0293)	(0.0784)
λ		0.1504 ***		0.1618 ***
		(0.0142)		(0.0144)
N	91345		91345	
χ^2	5377.1495		5413.3096	
ρ	0.4629		0.4935	
σ	0.3250		0.3278	

表5-8显示了引入技术水平后，Heckman模型的估计结果，可以看出，人均增加值与资本密集度与溢出变量交叉项的系数虽然数值略小，但都显著为正，这说明FDI企业现有的技术水平越高，则其出口溢出的效应就越强。而技术水平对溢出效应的影响的主要机制是FDI技术水平越高，则FDI与东道国企业之间的技术差距越大，技术差距越大，技术溢出的效应就越强（Findlay，1978），FDI的技术溢出效应越强，则其对东道国企业的出口溢出效应也就越强。下面我们再引入FDI企业的创新行为，考察FDI的创新活动对于出口溢出的影响。

5.4.2 创新与出口溢出

5.4.2.1 计量模型

这里企业的创新程度用FDI企业研发密集度和FDI企业新产品

密集度来度量，仍然把这两个变量与 FDI 的溢出变量交叉，通过系数来观察创新对于 FDI 出口溢出的影响，同时仍然采用 Heckman 模型进行回归分析。

出口密集度方程：

$$\begin{aligned} expintens = & \beta_0 + \beta_1 \text{集群 FDI 销售收入比重} + \\ & \beta_2 \text{集群 FDI 创新} + \\ & \beta_3 \text{集群 FDI 销售收入比重} \times \\ & \text{集群 FDI 创新} + \beta_4 \text{企业特征变量} + \\ & \beta_5 \text{集群特征变量} + \beta_6 \text{行业特征变量} + \beta X + u_{1i} \end{aligned}$$

出口选择方程：

$$\begin{aligned} expselect = & \beta_0 + \beta_1 \text{集群 FDI 销售收入比重} + \\ & \beta_2 \text{集群 FDI 创新} + \\ & \beta_3 \text{集群 FDI 销售收入比重} \times \\ & \text{集群 FDI 创新} + \beta_4 \text{企业特征变量} + \\ & \beta_5 \text{集群特征变量} + \beta_6 \text{行业特征变量} + \beta X + u_{2i} \end{aligned}$$

以上方程中的集群 FDI 创新程度由集群 FDI 企业研发密集度和集群 FDI 企业新产品密集度来度量。

5.4.2.2 回归结果

下面，仍然采用 Heckman 模型进行回归，并且在回归过程中都用行业虚拟变量对行业进行了控制，回归结果如表 5－9 所示。

表 5－9 创新与出口溢出回归结果

变量	(1)		(2)	
	expintens	expselect	expintens	expselect
FDIRDintense_ c3	－1.0282*** (0.1855)	－2.4821*** (0.4229)		

续表

变量	(1)		(2)	
	expintens	expselect	expintens	expselect
FDIrevRDinter2	2.0973*** (0.3859)	3.5816*** (0.9320)		
FDI_ newpintens_ c3			-0.2753*** (0.0303)	-0.0590 (0.0692)
FDIrevnewpinter2			0.2172*** (0.0630)	-0.2823* (0.1496)
FDI_ rev_ c3_ rate	0.1165*** (0.0105)	0.1183*** (0.0272)	0.1196*** (0.0104)	0.1154*** (0.0273)
RDintense1	0.0171* (0.0088)	0.0430* (0.0235)	0.0156* (0.0088)	0.0406* (0.0232)
newpintense	0.0293** (0.0118)	0.7422*** (0.0295)	0.0521*** (0.0120)	0.7570*** (0.0301)
productivity	-0.0001*** (0.0000)	-0.0003*** (0.0000)	-0.0001*** (0.0000)	-0.0003*** (0.0000)
averagewageall	0.0007*** (0.0002)	0.0003 (0.0002)	0.0007*** (0.0002)	0.0003 (0.0002)
capitalintense	-0.0005*** (0.0000)	-0.0005*** (0.0001)	-0.0005*** (0.0000)	-0.0005*** (0.0001)
averageedu	-0.0059* (0.0035)	0.0358*** (0.0076)	-0.0065* (0.0035)	0.0361*** (0.0078)
profitrate	-0.1542*** (0.0239)	-0.0253 (0.0187)	-0.1574*** (0.0239)	-0.0237 (0.0188)
debtrate	0.0059 (0.0077)	0.2006*** (0.0188)	0.0085 (0.0077)	0.1990*** (0.0188)
expintens_ 3	0.8934*** (0.0288)	1.8759*** (0.0548)	0.8978*** (0.0288)	1.8766*** (0.0548)
expshareindu	-0.3701 (0.2501)	-0.3916 (0.6068)	-0.4831* (0.2476)	-0.2342 (0.6074)
year2	0.0143*** (0.0046)	-0.0267** (0.0119)	0.0159*** (0.0046)	-0.0264** (0.0119)

续表

变量	(1)		(2)	
	expintens	expselect	expintens	expselect
year3	0. 0358 ***	-0. 0576 ***	0. 0378 ***	-0. 0572 ***
	(0. 0048)	(0. 0120)	(0. 0048)	(0. 0120)
expintens_ c	0. 7456 ***	1. 8081 ***	0. 7575 ***	1. 8268 ***
	(0. 0218)	(0. 0462)	(0. 0219)	(0. 0463)
expshare_ c	-5. 5670 ***	17. 8326 ***	-5. 5223 ***	18. 3280 ***
	(0. 7402)	(1. 6311)	(0. 7397)	(1. 6290)
FDIshare_ c	-3. 1226 ***	-43. 1502 ***	-3. 3939 ***	-43. 9011 ***
	(0. 9441)	(1. 8731)	(0. 9480)	(1. 8744)
revlq_ c3	-0. 0006 ***	0. 0017 ***	-0. 0006 ***	0. 0018 ***
	(0. 0001)	(0. 0002)	(0. 0001)	(0. 0002)
RDintense_ c3	-0. 2167	0. 5890	0. 0363	-0. 2527
	(0. 1677)	(0. 3776)	(0. 1105)	(0. 2424)
productivty_ c3	-0. 0008 ***	-0. 0010 ***	-0. 0008 ***	-0. 0009 ***
	(0. 0000)	(0. 0001)	(0. 0000)	(0. 0001)
marketstru_ c3	-0. 0191	-0. 6742 ***	0. 0079	-0. 5397 ***
	(0. 0319)	(0. 0774)	(0. 0318)	(0. 0781)
revdivers_ c3	-0. 1784 ***	-0. 2238 ***	-0. 2077 ***	-0. 2417 ***
	(0. 0248)	(0. 0610)	(0. 0249)	(0. 0610)
region1		0. 2907 ***		0. 2976 ***
		(0. 0615)		(0. 0614)
region2		0. 7947 ***		0. 8043 ***
		(0. 0645)		(0. 0644)
rev		0. 0000 ***		0. 0000 ***
		(0. 0000)		(0. 0000)
_ cons	0. 0482	-1. 6817 ***	0. 0431	-1. 7163 ***
	(0. 0295)	(0. 0776)	(0. 0298)	(0. 0777)
λ		0. 1414 ***		0. 1417 ***
		(0. 0140)		(0. 0140)
N	91345		91345	
χ^2	5410. 4190		5506. 0975	
ρ	0. 4383		0. 4399	
σ	0. 3226		0. 3222	

由表 5 -9 可知，χ^2 值分别为 5410.4190 和 5506.0975，都非常显著，说明方程总体的拟合程度较高，对于 Heckman 模型的相关参数如 λ、ρ 以及 σ 都反映出 Heckman 模型估计方法的必要性。对于关键的自变量，FDI 研发密集度与溢出变量交叉项的系数显著为正，而且系数值比较大，出口密集度方程的系数为 2.0973，而出口选择方程的系数为 3.5816。对于新产品的密集度的交叉项，出口密集度方程中的系数显著为正，数值为 0.2172，而出口选择方程中的系数为负，在 10% 的水平上显著。因此，FDI 的创新总体上可增强 FDI 的出口溢出效应，其主要原因一方面是 FDI 企业的创新可进一步扩大其与东道国企业之间的技术差距，进而增强技术溢出效应；另一方面是 FDI 企业研发创新活动越活跃，则其知识容量越大，其知识外溢的影响也就越大，而且 FDI 企业创新的成果，即新产品也可以成为国内企业模仿的对象，进而提高国内企业的技术水平，并促进其开拓海外市场。

总体来说，FDI 的技术溢出对出口溢出有着明显的促进作用，因此在中国的产业集群中，FDI 出口溢出的一个重要渠道就是技术溢出。

5.5 小结

本章主要分析了产业集群中 FDI 出口溢出的渠道，以固定的 515 个产业集群中的企业为样本，首先计算了产业集群中 FDI 总体的出口溢出效应，发现在产业集群中，FDI 有着更强的出口溢出效应。其次实证验证了 FDI 出口溢出过程中信息渠道的作用，主要从两个方面进行了考察：一是 FDI 企业的出口密集度和出口量，回归结果表明 FDI 出口密集度交叉项的系数为负，出口量的交叉项为正；二是劳动力的流动，通过引入 FDI 的就业数量、平均工资、平均教育培训费用以及教育培训费用占比四个指标，并把这四个指标与 FDI 的溢出变量进行交叉，发现交叉项的系数大多为负或不显著。最后对 FDI 出口溢出的技术渠道进行了实证分析，以资本密集度和人均增加值两个变量来度量 FDI 企业的技术水平，同时还引入了 FDI 企业的研发创新活动，发现无论是技术水平还是创新活动总体上都对 FDI 的出口溢出有着增强的作用。因此，通过本章的实证分析可以初步判断，目前 FDI 在中国的出口溢出不是主要通过信息渠道实现，而是通过技术溢出提高国内企业的生产力水平，进而增强企业的出口能力。

6 FDI 集群的结构与出口溢出

在第 5 章我们对 FDI 出口溢出的渠道进行了分析，发现目前 FDI 主要通过技术溢出来实现出口溢出。在此之前的实证分析仅考虑 FDI 在本区域或集群中的相对规模，把 FDI 企业作为一个整体来分析，但实际上 FDI 企业之间的差异性较大，FDI 在某地区集聚的方式也不同，而 FDI 企业群落内部企业之间以及 FDI 企业群落之间的差异很可能对 FDI 的出口溢出效应产生不同的影响。因此，有必要进一步细化 FDI 的特征，考察 FDI 企业群的结构对出口溢出效应的影响，以期对 FDI 出口溢出的效应有更准确、更全面的把握。在下面的内容中，首先考察 FDI 企业群市场结构的影响；其次研究 FDI 来源结构的影响；最后研究 FDI 股权结构的影响。在本章，回归样本进一步缩小，仅集中于固定的 323 家 FDI 集群中的企业。

6.1 数据与变量

类似于第 5 章，本章以固定的 323 个持续存在的集群中的企业进行回归分析。由于本章主要考察 FDI 企业群的结构对 FDI 出口溢出的影响效果，所以我们有必要把 FDI 企业数量较多的集群挑出来，这样才有条件考察 FDI 企业群的结构。我们首先通过聚类分析确定 2005～2007 年这三年中每一年 FDI 集群的 FDI 最小企业数量，发现 2007 年最小企业数量为 16 家，2005 年、2006 年的界限都大于这个数字，于是我们以 16 家企业为 FDI 集群的最小边界，之后找到 2005～2007 年 FDI 企业数量大于 15 个的集群，再从中挑出持续存在的集群，把这些集群中的企业作为回归样本。表 6－1 是以 15 家企业为界限时，2005～2007 年 FDI 集群的基本情况。表 6－2 是固定的 323 个集群的基本情况，集群中的 FDI 企业数量都在 1 万家以上，三年的样本数共 33988 个，这些集群中的国内外企业总数分别是 2005 年 23183 家、2006 年 25321 家、2007 年 28251 家，其中 FDI 企业占 40%左右，但由于 FDI 企业规模相对较大，所以这些 FDI 企业产品销售收入所占比重达到了 70% 以上。同时，除港澳台企业之外的外资企业规模更大一些，在这 323 个集群中，港澳台区域数量占 50% 以上的情况下，其销售收入的份额却不到 1/3。

表 6－1 FDI 集群的基本情况

年份	2005	2006	2007
集群数量（个）	405	458	510
FDI 企业数量（家）	13976	15539	15926
FDI 企业销售收入（亿元）	19803	26923	32003
集群企业销售总收入（亿元）	27004	35971	44141
企业总数（家）	27913	33148	36733
外资企业数量（家）	5792	6772	7546
港澳台企业数量（家）	8184	8767	8380
外资企业销售收入（亿元）	12416	18170	22665
港澳台企业销售收入（亿元）	7386	8753	9338
FDI 企业数量占比（%）	0. 5007	0. 4688	0. 4336

续表

年份	2005	2006	2007
FDI 销售收入占比（%）	0.7333	0.7485	0.7250
FDI 独资企业数量（家）	10284	11785	11665
FDI 合资企业数量（家）	14279	15771	16150

注：外资企业是指除港澳台企业之外的外商投资企业。

表 6－2 FDI 平衡集群的基本情况

年份	2005	2006	2007
集群个数（个）	323	323	323
集群 FDI 企业数量（家）	10581	11179	12228
FDI 企业销售收入（亿元）	16212	21016	25516
集群总销售收入（亿元）	22752	28453	34820
集群总企业数（家）	23183	25321	28251
外资企业数量（家）	4858	5237	5719
港澳台企业数量（家）	5723	5942	6509
外资销售收入（亿元）	11094	14782	18055
港澳台销售收入（亿元）	5118	6234	7461
FDI 独资企业数量（家）	7401	8138	8914
FDI 合资企业数量（家）	3406	3243	3492

注：外资企业是指除港澳台企业之外的外商投资企业。

由于本章主要考察 FDI 集群中的结构，主要是集群的市场结构、集群中 FDI 的来源结构以及集群中 FDI 企业的股权结构，因此我们又引入了一些结构因素（见表 6－3）。在市场结构方面，计算了 FDI 集群中 FDI 企业群的市场集中度，用赫芬达尔指数来表示，其基本计算方法首先是求出 FDI 集群中每个 FDI 企业在 FDI 群中所占份额；其次对每个企业的份额求和，便得出用赫芬达尔指数度量的市场集中度。在来源结构方面，我们主要考察了外资企业和港澳台企业的比重。在股权结构方面，我们主要考察 FDI 独资企业占全部 FDI 企业的比重对于 FDI 出口溢出的影响。通过把赫芬达尔指数、港澳台企业销售收入占比以及 FDI 独资企业的比重与溢出变量进行交叉来度量各种 FDI 群落内部结构对 FDI 出口溢出的作用。本章仍然采用集群中 FDI 销售收入的区位商、就业人数的区位商以及 FDI 销售收入的比重作为溢出变量。

表 6－3 变量说明

变量名称	变量符号	度量方法
市场结构	FDImarketstru_ c3	FDI 集群的市场结构，即市场集中度
	FDIrevmarkinter	FDI 集群市场结构与 FDI 销售收入区位商的交叉项
	FDIlabormarkinter	FDI 集群市场结构与 FDI 就业人数区位商的交叉项
来源结构	HTfirmshare_ rev_ c3	FDI 集群中港澳台企业销售收入比重
	FDIrevHTrinter2	FDI 集群中港澳台集群销售收入比重与 FDI 销售收入比重的交叉项
	HTfirmshare_ num_ c3	FDI 集群中港澳台企业数量比重
	FDIrevHTninter2	FDI 集群中港澳台企业数量比重与 FDI 企业数量比重的交叉项
股权结构	fw_ rate_ rev_ c3	FDI 集群中独资企业占全部 FDI 企业的比重（用销售收入度量）
	fw_ rate_ num_ c3	FDI 集群中独资企业占全部 FDI 企业的比重（用企业数量度量）
	FDIrevrate_ fw_ rev_ inter	FDI 集群中独资企业占全部 FDI 企业的比重与 FDI 销售收入区位商的交叉项，独资企业比重用 FDI 销售收入度量
	FDIrevrate_ fw_ num_ inter	FDI 集群中独资企业占全部 FDI 企业的比重与 FDI 销售收入区位商的交叉项，独资企业比重用 FDI 企业数量度量

注：在股权结构的实证分析中，独资企业的比重分别与 FDI 销售收入区位商、FDI 就业人数区位商以及 FDI 销售收入比重进行交叉。为简洁起见，表 6－3 中没有列出其他四个交叉项。

表 6－4 给出了主要变量的描述性统计，这里仅把国内企业作为考察对象，所以在样本中剔除掉外资企业，那么国内企业样本共

42767 个，其中出口量大于 0 的企业样本数共 16868 个。

表 6－4 主要变量的描述性统计

变量	观测值	均值	方差	最小值	最大值
expintens	16868	0. 7278	0. 3446	0	1
FDI_ rev_ c3_ lq	42767	1. 2019	0. 6387	0. 09	5. 46
FDI_ labor_ c3_ lq	42767	1. 2219	0. 7154	0. 12	6. 22
FDI_ rev_ c3_ rate	42767	0. 4650	0. 2490	0. 03	1
FDImarketstru_ c3	42767	0. 0548	0. 0843	0	0. 91
fw_ rate_ num_ 3	42767	0. 5287	0. 2709	0	1
fw_ rate_ rev_ 3	42767	0. 4749	0. 3078	0	1
FDIrevmarkinter	42767	－0. 0583	0. 1030	－0. 69	0. 68
FDIlabormarkinter	42767	－0. 0469	0. 1138	－0. 85	1. 23
HTfirmshare_ rev_ c3	42767	0. 5236	0. 2590	0	1
FDIrevHTrinter2	42767	0. 0326	0. 1496	－0. 44	0. 55
HTfirmshare_ num_ c3	42767	0. 5325	0. 2232	0	1
FDIrevHTninter2	42767	0. 0402	0. 1288	－0. 44	0. 54
FDIrevrate_ fw_ rev_ inter	42767	－0. 0377	0. 1638	－0. 61	0. 36
FDIrevrate_ fw_ rev_ inter	42767	－0. 0338	0. 1290	－0. 57	0. 32

6. 2 FDI 市场集中度与出口溢出

6. 2. 1 引言

在第 4 章和第 5 章的实证分析中，我们仅把 FDI 企业群视作一个整体来分析，而没有考虑到 FDI 企业群中规模分布的情况。实际上，产业集群中 FDI 企业群体规模分布情况也存在着较大差异，对于不同规模分布的 FDI 企业群，出口溢出的强度也会有所差异。对于市场集中度较高的产业集群，集群由少数几个大型企业控制，而大企业一般都是集群中外部性的提供者，从外部性中获得的收益相对较小。为了对周围企业产生更大的控制力，大企业往往会通过各种手段阻止信息的外溢，而对于市场集中度较小的 FDI 企业群，FDI 企业的规模分布也相对均匀，FDI 企业之间的竞争也相对激烈，FDI 更多地专注于对企业自身竞争力的提升，而对于自身对国内企业产生的外溢效应并不关心，也就不会刻意地控制企业的信息和技术的外溢。

6.2.2 计量模型与数据描述

本部分回归的计量模型如下：

出口密集度方程：

expintens $=\beta_0+\beta_1$ 集群 FDI 销售收入区位商 $+\beta_2$FDI 集群市场集中度 $+\beta_3$ 集群 FDI 销售收入区位商 × FDI 集群市场集中度 $+\beta_4$ 企业特征变量 $+\beta_5$ 集群特征变量 $+\beta_6$ 行业特征变量 $+\beta X+u_{1i}$

出口选择方程：

expselect $=\beta_0+\beta_1$ 集群 FDI 销售收入区位商 $+\beta_2$FDI 集群市场集中度 $+\beta_3$ 集群 FDI 销售收入区位商 × FDI 集群市场集中度 $+\beta_4$ 企业特征变量 $+\beta_5$ 集群特征变量 $+\beta_6$ 行业特征变量 $+\beta X+u_{2i}$

以上方程中的 FDI 集群市场集中度由赫芬达尔指数来度量。FDI 的溢出变量也可由 FDI 就业人数的区位商来表示。

图6－1为2007年FDI企业群市场集中度的直方图，可以看出FDI企业群的市场集中度差异性还是比较大的，虽然在0附近占有较大份额，但在0.1～0.2仍集中着大量的样本，而0.2～0.4也存在一定量的样本，这说明有必要考察FDI市场集中度对FDI出口溢出效应的影响。

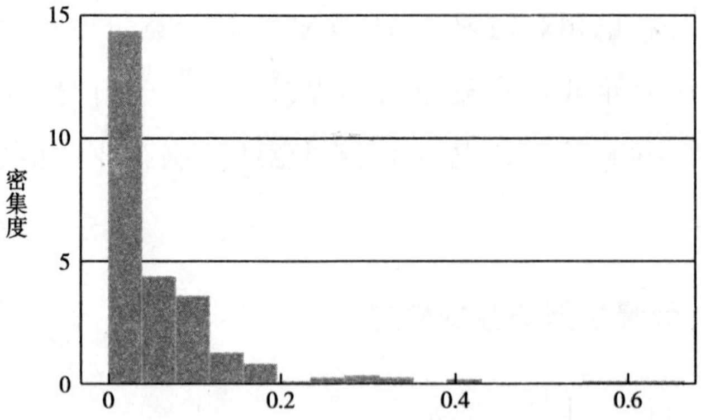

图6－1　FDI集群中FDI企业群落的市场集中度分布

6.2.3　回归结果

在这里，用集群中FDI企业的市场集中度与FDI销售收入以及就业人数的区位商分别进行交叉，通过观察系数的符号来判断市场结构对FDI出口溢出效应的影响。在计量方法上，由于仍存在大量的企业出口金额为0的情况，所以为避免样本选择偏误，仍然采用Heckman模型对出口密集度方程和出口选择方程进行两步法估计。回归结果如表6－5所示。

表 6-5 FDI 市场集中度与出口溢出回归结果

变量	(1)		(2)	
	expintens	expselect	expintens	expselect
FDI_ rev_ c3_ lq	-0.0937***	-0.2746***		
	(0.0160)	(0.0343)		
FDIrevmarkinter	-0.0962**	-0.3004***		
	(0.0462)	(0.1158)		
FDI_ labor_ c3_ lq			-0.0591***	-0.1896***
			(0.0111)	(0.0252)
FDIlabormarkinter			-0.0586	-0.0362
			(0.0458)	(0.1109)
FDImarketstru_ c3	-0.0289	0.1130	-0.0588	-0.0128
	(0.0397)	(0.0995)	(0.0385)	(0.0967)
RDintense1	-0.1049***	0.1246	-0.1070***	0.1186
	(0.0325)	(0.0854)	(0.0324)	(0.0848)
newpintense	0.0425***	0.6531***	0.0400***	0.6471***
	(0.0148)	(0.0404)	(0.0147)	(0.0404)
productivity	-0.0001***	-0.0006***	-0.0001***	-0.0006***
	(0.0000)	(0.0001)	(0.0000)	(0.0001)
averagewageall	0.0004*	0.0001	0.0004*	0.0000
	(0.0002)	(0.0003)	(0.0002)	(0.0003)
capitalintense	-0.0006***	-0.0008***	-0.0006***	-0.0008***
	(0.0000)	(0.0001)	(0.0000)	(0.0001)
averageedu	-0.0104*	0.0233*	-0.0103*	0.0235*
	(0.0055)	(0.0122)	(0.0055)	(0.0122)
profitrate	-0.1268***	-0.1368***	-0.1266***	-0.1483***
	(0.0287)	(0.0482)	(0.0287)	(0.0489)
debtrate	0.0336***	0.2316***	0.0310***	0.2242***
	(0.0098)	(0.0268)	(0.0097)	(0.0268)
expintens_ 3	0.7924***	0.9850***	0.8091***	0.9692***
	(0.0440)	(0.1057)	(0.0418)	(0.1012)
expshareindu	-1.2271***	0.4619	-1.2843***	0.3808
	(0.2924)	(0.7507)	(0.2920)	(0.7502)

续表

变量	(1)		(2)	
	expintens	expselect	expintens	expselect
year2	0. 0073 (0. 0062)	-0. 0594 *** (0. 0170)	0. 0049 (0. 0062)	-0. 0684 *** (0. 0171)
year3	0. 0205 *** (0. 0065)	-0. 0948 *** (0. 0172)	0. 0174 *** (0. 0066)	-0. 1072 *** (0. 0174)
expintens_ c	0. 5868 *** (0. 0285)	1. 5532 *** (0. 0670)	0. 5910 *** (0. 0284)	1. 5682 *** (0. 0670)
expshare_ c	-1. 4855 * (0. 8417)	14. 4571 *** (1. 9998)	-1. 5778 * (0. 8390)	14. 4132 *** (1. 9945)
FDIshare_ c	-6. 9073 *** (1. 0788)	-38. 5785 *** (2. 2731)	-6. 6865 *** (1. 0722)	-38. 2936 *** (2. 2651)
revlq_ c3	-0. 0012 *** (0. 0001)	0. 0015 *** (0. 0004)	-0. 0011 *** (0. 0001)	0. 0017 *** (0. 0004)
RDintense_ c3	0. 0217 (0. 1829)	2. 2488 *** (0. 4719)	-0. 0018 (0. 1825)	2. 1682 *** (0. 4718)
FDIrevshare_ c3	0. 2687 *** (0. 0366)	0. 6688 *** (0. 0837)	0. 1755 *** (0. 0219)	0. 4593 *** (0. 0561)
productivty_ c3	-0. 0006 *** (0. 0001)	-0. 0020 *** (0. 0002)	-0. 0006 *** (0. 0001)	-0. 0020 *** (0. 0002)
marketstru_ c3	0. 0850 * (0. 0462)	0. 2535 ** (0. 1241)	0. 1016 ** (0. 0458)	0. 2678 ** (0. 1235)
revdivers_ c3	0. 0661 * (0. 0379)	0. 2598 ** (0. 1030)	0. 0609 (0. 0380)	0. 2651 ** (0. 1032)
region1		0. 2612 * (0. 1390)		0. 3219 ** (0. 1397)
rev		0. 0000 *** (0. 0000)		0. 0000 *** (0. 0000)
_ cons	0. 0976 *** (0. 0328)	-0. 9013 *** (0. 1590)	0. 1081 *** (0. 0331)	-0. 9111 *** (0. 1592)
λ		0. 2179 *** (0. 0183)		0. 2146 *** (0. 0182)

续表

变量	(1)		(2)	
	expintens	expselect	expintens	expselect
N	42650		42650	
χ^2	3448.6905		3465.7769	
ρ	0.6430		0.6355	
σ	0.3389		0.3376	

表6－5给出了引入市场集中度后的回归结果，方程的总体拟合程度仍然较高，对于关键自变量FDI集群中FDI企业群落的市场集中度与FDI溢出变量交叉项，在与FDI销售收入的区位商进行交叉时，系数显著为负，且系数值较大，在经济上也比较显著，出口密集度方程的系数为－0.0962，而出口选择方程的系数为－0.3004。在与FDI就业人数的区位商交叉时，出口密集度方程的系数显著为负，系数值为－0.0586，经济显著性也比较高，出口选择方程虽然不显著，但系数仍然是负的。因此，从以上的实证结果来看，在FDI集群中，FDI企业市场集中度的提高不利于FDI出口溢出效应的发挥，这给我们前面的判断提供了证据。

6.3 FDI来源结构与出口溢出

6.3.1 引言

长期以来中国的外资来源存在二元结构，即一部分是华人圈的港澳台资本，另一部分是其他国家和地区的资本。据统计，1990～2005年中国实际利用外资直接投资累计6173.03亿美元，其中中国的港澳台占 48.09%，日本占 8.28%，美国占 7.96%，欧盟占 7.46%，韩国占 5.06%，新加坡占 4.47%（何艳，2007）。而港澳台企业与其他外资企业存在着较大差异，一方面，港澳台企业往往参与较多的是资本和劳动密集型的产业，这部分企业的技术水平与其他外资企业仍有较大差异，港澳台企业与国内企业之间的技术差距也相对较小（Lin 等，2009）。另一方面，由于港澳台企业的投资人都是中国人，与中国大陆同宗同源、文化相连、语言共通、地理上靠近，所以国内企业与港澳台企业之间的交流和往来也会更多一点，Tong（2005）指出，华人的关系网络在跨边界投资中扮演了重要的角色。因此，FDI 集群中港澳台企业的比重对于 FDI 出口溢出存在着明显的影响，主要体现在两个方面：一方面，因为港澳台企业与国内企业之间的技术差距比较小，所以 FDI 通过技术溢出对国内企业实现出口溢出的途径比较有限。另一方面，由于港澳台企业与国内企业之间的信息交流更加便利，所以直接通过信息渠道产生出口外溢的可能性比较大。那么，这部分内容我们将以港澳台企业在 FDI 集群中的比重来表征 FDI 集群中 FDI 的来源结构，并以此观察来源结构对于出口溢出的影响。

6.3.2 计量模型与数据描述

本部分回归的计量模型如下：

出口密集度方程：

$$\text{expintens} = \beta_0 + \beta_1 \text{集群 FDI 销售收入区位商} + \beta_2 \text{FDI 集群港澳台企业比重} + \beta_3 \text{集群 FDI 销售收入区位商} \times \text{FDI 集群港澳台企业比重} + \beta_4 \text{企业特征变量} + \beta_5 \text{集群特征变量} + \beta_6 \text{行业特征变量} + \beta X + u_{1i}$$

出口选择方程：

$$\text{expselect} = \beta_0 + \beta_1 \text{集群FDI销售收入区位商} + \beta_2 \text{FDI集群港澳台企业比重} + \beta_3 \text{集群FDI销售收入区位商} \times \text{FDI集群港澳台企业比重} + \beta_4 \text{企业特征变量} + \beta_5 \text{集群特征变量} + \beta_6 \text{行业特征变量} + \beta X + u_{2i}$$

以上方程中的FDI集群港澳台企业比重既可由FDI企业销售收入来度量也可由FDI企业数量来度量。

图6-2和图6-3为FDI集群中港澳台企业销售收入和数量比重的直方图。从图6-2和图6-3可以看出，在323个集群中，港澳台企业的比重离散程度比较高，数量比重的分布接近于正态分布，较大的变异性有利于进行计量分析。

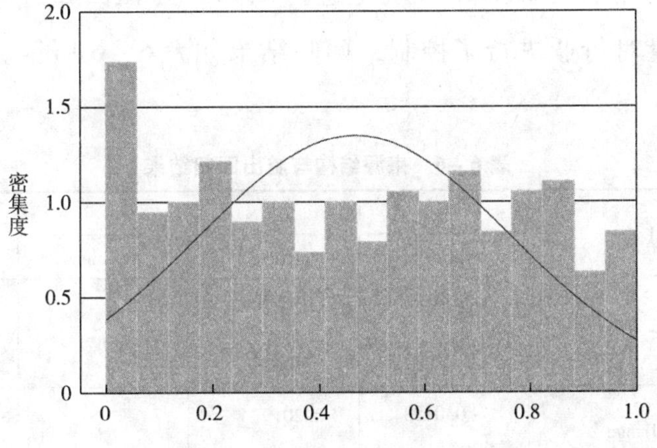

图6-2 FDI集群中港澳台企业销售收入比重的直方图

在实证分析中，我们把港澳台企业销售收入的比重和数量比重与FDI销售收入区位商进行交叉，通过观察交叉项的系数来判断外资来源结构对于FDI出口溢出的影响。由于相当一部分企业出口量

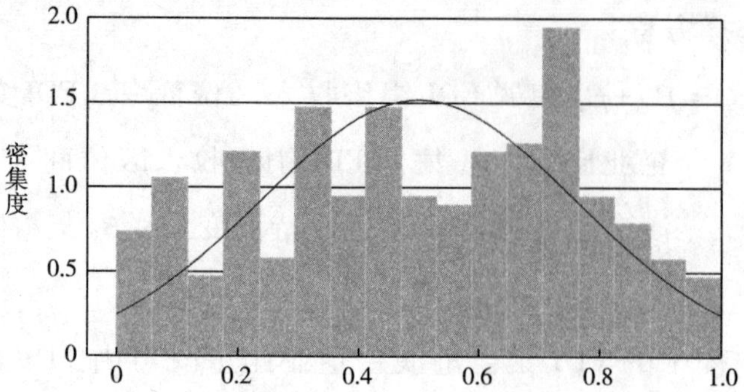

图 6-3 FDI 集群中港澳台企业数量比重的直方图

为 0，所以在此仍然使用 Heckman 模型来纠正样本选择偏误。

6.3.3 回归结果

下面仍然采用 Heckman 模型进行回归，并在回归过程中都用行业虚拟变量对行业进行了控制，回归结果如表 6-6 所示。

表 6-6 来源结构与溢出回归结果

变量	(1)		(2)	
	expintens	expselect	expintens	expselect
HTfirmshare_ rev_ c3	0.0709 *** (0.0150)	-0.1324 *** (0.0393)		
FDIrevHTrinter	-0.0188 (0.0191)	0.2019 *** (0.0460)		
HTfirmshare_ num_ c3			0.0758 *** (0.0181)	-0.1672 *** (0.0474)
FDIrevHTninter			-0.1050 *** (0.0223)	0.0463 (0.0534)

续表

变量	(1)		(2)	
	expintens	expselect	expintens	expselect
FDI_ rev_ c3_ lq	-0.0788***	-0.2840***	-0.0610***	-0.2476***
	(0.0151)	(0.0329)	(0.0152)	(0.0335)
RDintense1	-0.0991***	0.1307	-0.0962***	0.1251
	(0.0325)	(0.0864)	(0.0325)	(0.0857)
newpintense	0.0423***	0.6567***	0.0447***	0.6582***
	(0.0148)	(0.0405)	(0.0148)	(0.0405)
productivity	-0.0001***	-0.0006***	-0.0001***	-0.0006***
	(0.0000)	(0.0001)	(0.0000)	(0.0001)
averagewageall	0.0004*	0.0001	0.0004*	0.0001
	(0.0002)	(0.0003)	(0.0002)	(0.0003)
capitalintense	-0.0007***	-0.0008***	-0.0007***	-0.0008***
	(0.0000)	(0.0001)	(0.0000)	(0.0001)
averageedu	-0.0090	0.0213*	-0.0093*	0.0215*
	(0.0055)	(0.0122)	(0.0056)	(0.0123)
profitrate	-0.1226***	-0.1449***	-0.1238***	-0.1454***
	(0.0287)	(0.0487)	(0.0287)	(0.0488)
debtrate	0.0327***	0.2348***	0.0318***	0.2281***
	(0.0098)	(0.0268)	(0.0098)	(0.0268)
expintens_ 3	0.7949***	0.9748***	0.8006***	0.9730***
	(0.0439)	(0.1058)	(0.0440)	(0.1058)
expshareindu	-1.1954***	0.6263	-1.1533***	0.9609
	(0.2890)	(0.7459)	(0.2914)	(0.7502)
year2	0.0075	-0.0577***	0.0074	-0.0583***
	(0.0062)	(0.0170)	(0.0062)	(0.0170)
year3	0.0208***	-0.0925***	0.0212***	-0.0938***
	(0.0065)	(0.0172)	(0.0065)	(0.0172)
expintens_ c	0.5934***	1.5530***	0.5828***	1.4929***
	(0.0285)	(0.0684)	(0.0282)	(0.0684)
expshare_ c	-1.7556**	13.8387***	-1.0831	15.8896***
	(0.8503)	(2.0427)	(0.8597)	(2.0476)

续表

变量	(1)		(2)	
	expintens	expselect	expintens	expselect
FDIshare_ c	-6.6833 *** (1.0787)	-37.7154 *** (2.2924)	-7.2633 *** (1.0848)	-39.2362 *** (2.2838)
revlq_ c3	-0.0012 *** (0.0001)	0.0016 *** (0.0004)	-0.0012 *** (0.0001)	0.0017 *** (0.0004)
RDintense_ c3	0.0105 (0.1824)	2.2292 *** (0.4714)	0.0702 (0.1826)	2.2857 *** (0.4710)
FDIrevshare_ c3	0.2497 *** (0.0371)	0.7565 *** (0.0864)	0.2223 *** (0.0374)	0.6998 *** (0.0871)
productivty_ c3	-0.0005 *** (0.0001)	-0.0019 *** (0.0002)	-0.0006 *** (0.0001)	-0.0021 *** (0.0002)
marketstru_ c3	0.0490 (0.0415)	0.1644 (0.1143)	0.0539 (0.0417)	0.1036 (0.1141)
revdivers_ c3	0.0886 ** (0.0384)	0.2004 * (0.1046)	0.0927 ** (0.0382)	0.2217 ** (0.1039)
region1		0.2413 * (0.1393)		0.2780 ** (0.1393)
rev		0.0000 *** (0.0000)		0.0000 *** (0.0000)
_ cons	0.0764 ** (0.0326)	-0.8704 *** (0.1593)	0.0682 ** (0.0327)	-0.8870 *** (0.1596)
λ		0.2152 *** (0.0183)		0.2181 *** (0.0182)
N	42650		42650	
χ^2	3524.4114		3515.4342	
ρ	0.6375		0.6438	
σ	0.3376		0.3387	

由表 6－6 可知，方程总体上的拟合程度较好，从相关参数如 λ、ρ 以及 σ 来看，Heckman 模型的使用是必要的。从港澳台企业销售收入和企业数量比重与 FDI 销售收入区位商的交叉项系数来看，

回归的几个方程结果并不一致，出口密集度方程的系数都为负，但有一个不显著，而出口选择方程的系数都为正，但与企业数量比重交叉项的系数不显著。从回归系数的符号上来看，这个结果基本上可以由上面对港澳台企业特征的分析中给予解释：对于出口选择和出口密集度两个方面，相对来说出口密集度对出口信息的需求较小，因为企业已经开始了出口行为，所以已经积累了大量的出口的知识，而对于没有出口的企业，海外市场的状况以及出口的渠道信息就显得更为重要，同时，对于已经有出口的企业，技术的提升、成本的降低对于其扩大出口量有很大的影响，所以相对来说，出口选择行为更多地通过信息渠道受益于 FDI 的出口溢出，而出口密集度更多地通过技术渠道受益于 FDI 的出口溢出。港澳台企业对国内企业的信息溢出相对更容易，但技术溢出又很有限；相反地，其他外资企业在信息溢出方面没有港澳台企业便利，而其他外资企业的技术水平却比较高，所以随着 FDI 集群中港澳台企业比重的上升，FDI 对集群中国内企业的出口选择有促进作用，而对企业的出口密集度的提升有抑制作用。也就是说，在我国目前的制造业集群中，港澳台企业主要通过信息渠道形成出口溢出，而其他外资企业主要通过技术渠道形成出口溢出。

6.4 FDI 股权结构与出口溢出

6.4.1 引言

外资进入中国既可采取独资的形式，也可采取合资的形式，而外资不同的股权结构对于本土企业出口的影响也会存在差异。

1980 年以来，中国的外商直接投资经历了一个由合资、合作经营为主导到独资经营为主导的转变。改革开放初期，外商直接投资主要以合资的形式进入我国，由表 6－7 可以看出，即使到了 20 世纪 90 年代初，合资和合作经营的外资企业项目数量和金额都超过了外商独资企业，1993 年外商合资企业项目数为 54003 个，外商合作经营企业项目数为 10445 个，而外商独资企业项目数为 18975 个，合资与合作经营企业项目数是独资企业项目数的 3 倍以上；在合同利用金额方面，合资企业合同金额为 551.74 亿美元，外商合作经营企业为 255 亿美元，而外商独资企业为 304.57 亿美元，独资企业的合同金额不足合资和合作企业投资金额的一半。这段时间，外商直接投资主要以合资形式进入我国的主要原因有以下两个方面：第一，在改革开放初期，中国政府对于外资的进入存在一定的限制，主要体现在进入行业和资金参与比例等方面；第二，在这个时期，中国市场化程度较低，中国的开放还不够充分，外资进入中国存在较大的风险，于是外资往往通过合资和合作降低制度风险。随着中国开放程度的不断提高，市场化改革的不断推进，外资的独资化趋势越来越明显，到 1999 年独资企业项目数和合同金额都超过了合资和合作企业。2010 年，外商独资企业项目数达到 22085 个，实际金额为 809.75 亿美元；而外商合资企业项目数为 4970 个，实际金额为 224.98 亿美元；外商合作经营企业项目数为 300 个，实际金额为 16.16 亿美元，独资企业项目数是合资和合作企业项目数据的 4 倍多。如图 6－4 所示。

表 6-7 中国外商直接投资情况

年份	外商合资企业			外商合作经营企业			外商独资企业		
	项目（个）	合同金额（亿美元）	实际金额（亿美元）	项目（个）	合同金额（亿美元）	实际金额（亿美元）	项目（个）	合同金额（亿美元）	实际金额（亿美元）
1993	54003	551.74		10445	255.00		18975	304.57	
1994	27890	401.94		6634	203.01		13007	219.49	
1996	12628	318.76		2849	142.97		9062	268.10	
1997	9001	207.26	194.95	2373	120.66	89.30	9602	176.58	161.88
1998	8107	172.86	183.48	2003	116.56	97.19	9673	217.53	164.70
1999	8378	196.48	143.43	1757	81.17	65.96	12196	343.09	192.64
2000	7050	135.15	158.27	1656	68.03	82.34	8201	207.06	155.45
2001	8893	175.36	157.39	1589	83.00	62.12	15643	429.99	238.73
2002	10380	185.02	149.92	1595	62.17	50.58	22173	572.55	317.25
2003	12521	255.06	153.92	1547	74.79	38.36	26943	816.09	333.84
2004	11570	276.41	163.86	1343	77.88	31.12	30708	1172.75	402.22
2005	10480	324.42	146.14	1166	86.91	18.31	32308	1459.09	429.61
2006	10223	329.37	143.78	1036	80.74	19.4	30164	1515.57	462.81
2007	7649		155.96	641		14.16	29543		572.64
2008	4612		173.18	468		19.03	22396		723.15
2009	4283		172.73	390		20.34	18741		686.82
2010	4970		224.98	300		16.16	22085		809.75

资料来源：根据历年《中国统计年鉴》整理而得。1995 年数据暂缺。

不同股权结构的 FDI 对国内企业的技术溢出已经有不少文献进行了研究，但合资企业和独资企业哪一种股权模式具有更大的溢出效应，意见并不一致。一方面，部分学者认为既然合资公司有本土资本参与，同时独资公司对技术知识的泄露可以有更强有力的控制，所以合资公司对本国企业的溢出效应比独资公司更大（Javorcik 和 Spatareanu，2008）。Ramachandaram（1993）的实证研究发现外国投资者会向独资企业的技术转移付出更多的资源，而合资公司相对较少。

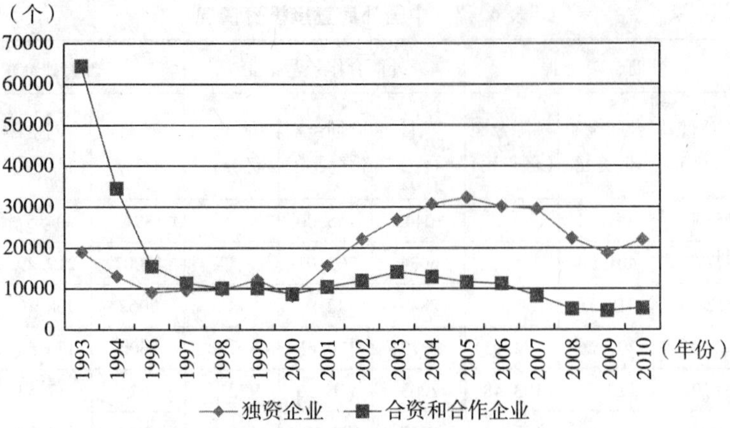

图 6-4 中国外商直接投资项目数

资料来源：根据历年《中国统计年鉴》整理而得。1995 年数据暂缺。

Mansfield 和 Romeo (1980) 指出技术转移在独资公司中比在合资公司中更快。Desai、Foley 和 Hines (2004) 发现外资控股公司或独资公司的分支机构会从母公司接收更多的无形资产，而合资公司就比较少。独资公司会接收到母公司更先进的技术的事实说明，FDI 更有信心在独资公司中控制技术的外泄。Javorcik 和 Spatareanu (2008) 也指出，虽然外资的独资公司从国外转移过来了先进的技术，但该技术与本土企业所掌握的技术差距较大，当本土企业缺乏吸收能力时，独资公司所产生的技术溢出就会很有限。另一方面，也有文献指出外资独资公司比合资公司可能会产生更大的溢出效应，这一点实际上也隐含在以上介绍的实证研究的结论中。Blomström 和 Sjöholm (1999) 进一步指出虽然合资有利于技术的扩散，但外资公司事先预见到有可能产生技术的泄露，所以合资公司往往不引进先进的技术，而是向跨国子公司引入相对较低层次的技术，同时对于合资公司，尤其是没有控股的公司，外资对于公司的经营控制有限，对于利润也没有足够的控制能力，所以为避免风险，其也会较少转移先进的技术，这样合资公司的技术溢出也是有限的，而独资公司也可能产生更大的技术溢出效应。

在国内，也有文献对不同股权结构外资企业对国内企业的技术溢出效应的差异进行了研究。马林和章凯栋（2008）对 2000～2005 年中国 28 个省份的面板数据进行分析，发现独资企业正的技术外溢效应比合资企业和合作企业更强。姚利民和唐春宇（2005）对 1998～2002 年中国工业行业数据进行实证分析，发现不论是在短期还是长期，独资企业都比合资企业的溢出效应要强。赵增耀和王喜（2007）发现外资企业与国有企业的边际生产率存在很大差距，而且随着外商独资比例的增加，这一差距在逐渐扩大，他们认为这一结果的主要原因是伴随着独资化趋势，外资企业的技术水平和附加价值明显提高，外资企业利用专利保护和独资经营等方式防止技术外溢，同时国内企业在技术投入和吸收能力上的不足，阻碍了外资的溢出效应。另外也有学者利用全国层面的数据研究了不同股权结构对 FDI 出口溢出的影响，宋红军（2012）对 1990～2009 年中国的时间序列数据进行实证研究，发现外商独资企业对内资企业的出口溢出效应为正，而合资 FDI 企业数量的增加则会减少内资企业的出口，其原因是合资公司从母公司获取的技术相对落后以及其对中国内资企业投资资源较强的“挤占”效应。

由以上文献可以看出，不同股权结构的外资技术溢出的效应是不同的。由于 FDI 技术溢出是出口溢出的一个重要渠道，所以外资股权结构对于其出口溢出的效应也一定有较大影响，但由于独资企业一方面会引进先进技术，另一方面会阻止技术溢出，所以独资 FDI 技术溢出的净效应并不清楚，进而 FDI 股权结构通过技术溢出促进国内企业出口的作用也不明确。在出口溢出的信息渠道方面，合资企业由于有本土的企业和员工参与经营管理，所以出口的相关信息比独资企业更容易传递给本土企业，同时跨国公司也不可能像控制技术那样来控制出口信息由母公司向东道国子公司的转移。总体来说，在技术溢出渠道方面，独资企业既有促进溢出的方面，又有抑制溢出的方面，而信息渠道方面，更多的是抑制出口溢出。因此我们大致预期在国内的产业集群中，独资 FDI 对本土企业的出口溢出相对于合资 FDI 会更弱一些。

本节将继续利用 FDI 集群企业数据验证独资或合资股权结构哪一种更有利于 FDI 的出口溢出。我们将分别根据产品销售收入和企业数量两个指标来计算 FDI 集群中 FDI 独资企业在全部 FDI 企业中的比重，以此来度量 FDI 集群中 FDI 股权结构的独资化程度，把此变量与 FDI 溢出的关键变量、FDI 销售收入的区位商、FDI 就业人数的区位商和 FDI 销售收入的区域密集度形成交叉项，通过交叉项的系数来判断 FDI 股权结构对出口溢出的效应的影响。如果系数为正，说明 FDI 独资化程度越高，FDI 出口溢出的效应越强，也就表明 FDI 独资企业更有利于其对本土企业的出口溢出，而 FDI 合资企业的这一作用较弱；反之，则合资企业出口溢出的效应更强。

6.4.2 计量模型与数据描述

在回归过程中，我们仍然采用 Heckman 模型来避免样本的选择性偏误。令 FDI 独资企业比重分别与三种 FDI 溢出变量进行交叉，分别进行三次回归，每一次回归得到两列回归结果，即因变量为企业出口密集度的回归结果和因变量为企业出口选择的回归结果。本部分回归的计量模型如下：

出口密集度方程：

$$expintens = \beta_0 + \beta_1 \text{集群 FDI 销售收入区位商} + \beta_2 \text{FDI 集群 FDI 独资企业比重} + \beta_3 \text{集群 FDI 销售收入区位商} \times \text{FDI 集群 FDI 独资企业比重} + \beta_4 \text{企业特征变量} + \beta_5 \text{集群特征变量} + \beta_6 \text{行业特征变量} + \beta X + u_{1i}$$

出口选择方程：

$$expselect = \beta_0 + \beta_1 \text{集群 FDI 销售收入区位商} + \beta_2 \text{FDI 集群 FDI 独资企业比重} + \beta_3 \text{集群 FDI 销售收入区位商} \times \text{FDI 集群 FDI 独资企业比重} + \beta_4 \text{企业特征变量} + \beta_5 \text{集群特征变量} + \beta_6 \text{行业特征变量} + \beta X + u_{2i}$$

以上方程中 FDI 集群 FDI 独资企业比重可由 FDI 独资企业销售收入比重和 FDI 独资企业数量比重来度量，对于溢出变量也可由集群 FDI 就业人数区位商和集群 FDI 销售收入比重来代替集群 FDI 销售收入区位商。

图 6－5 和图 6－6 为 FDI 集群中外资独资企业占全部 FDI 企业的比重分布的直方图，图 6－5 通过产品销售收入来计算比重，而图 6－6

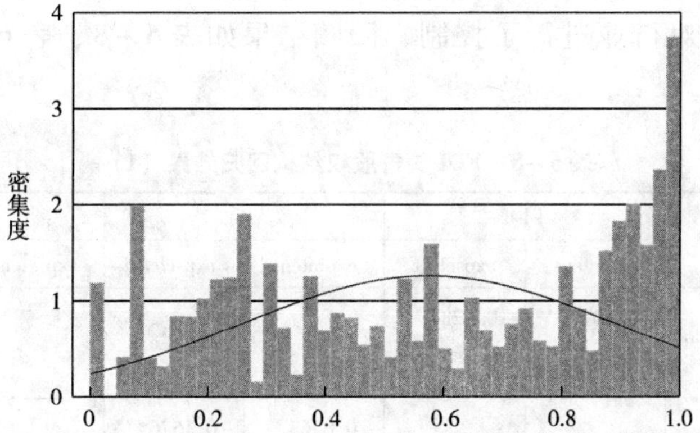

图 6－5　FDI 集群中外资独资企业比重直方图（销售收入）

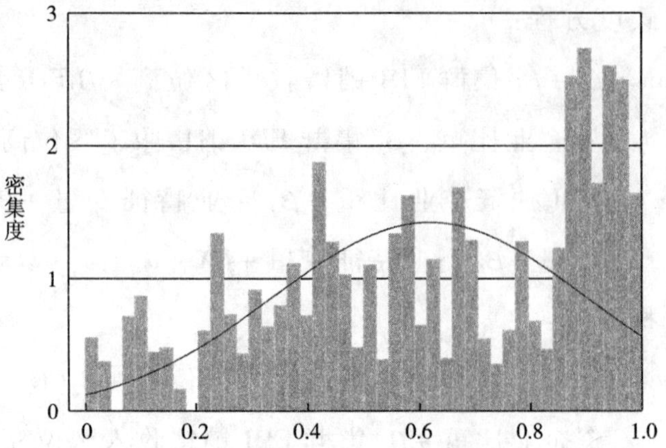

图 6-6 FDI 集群中外资独资企业比重直方图（企业数量）

通过企业数量来计算比重。由图 6-5 和图 6-6 可以看出，在 FDI 集群中，独资企业的比重分布比较均匀，变异性较大，在 0.8～1.0 分布的比例较高，这也与近年来 FDI 独资化程度较高的情况一致。

6.4.3 回归结果

下面仍然采用 Heckman 模型进行回归，并在回归过程中都用行业虚拟变量对行业进行了控制，回归结果如表 6-8、表 6-9 所示。

表 6-8 FDI 集群股权结构回归结果（1）

变量	(1)		(2)		(3)	
	expintens	expselect	expintens	expselect	expintens	expselect
FDI_ rev_ c3_ lq	0.1079 ***	0.2204 ***				
	(0.0148)	(0.0317)				
FDI_ labor_ c3_ lq			-0.0563 ***	-0.1576 ***		
			(0.0089)	(0.0209)		

续表

变量	(1)		(2)		(3)	
	expintens	expselect	expintens	expselect	expintens	expselect
FDI_ rev_ c3_ rate					-0.0038	0.3793 ***
					(0.0178)	(0.0457)
fw_ rate_ rev_ c3	0.2552 ***	-0.6014 ***	0.2467 ***	-0.6195 ***	0.2315 ***	-0.6606 ***
	(0.0269)	(0.0696)	(0.0268)	(0.0694)	(0.0270)	(0.0690)
FDIrevrate_ fw_ rev_ inter	-0.5746 ***	-0.0856	-0.5466 ***	-0.0306	-0.5257 ***	0.0180
	(0.0437)	(0.1174)	(0.0432)	(0.1168)	(0.0432)	(0.1163)
RDintense1	-0.0973 ***	0.1856 **	-0.1008 ***	0.1726 *	-0.1005 ***	0.1705 *
	(0.0327)	(0.0906)	(0.0325)	(0.0901)	(0.0327)	(0.0899)
newpintense	0.0385 ***	0.6507 ***	0.0365 **	0.6464 ***	0.0397 ***	0.6482 ***
	(0.0146)	(0.0407)	(0.0145)	(0.0407)	(0.0146)	(0.0407)
productivity	-0.0001 ***	-0.0005 ***	-0.0001 ***	-0.0005 ***	-0.0001 ***	-0.0006 ***
	(0.0000)	(0.0001)	(0.0000)	(0.0001)	(0.0000)	(0.0001)
averagewageall	0.0003	0.0001	0.0003	0.0001	0.0003	0.0002
	(0.0002)	(0.0003)	(0.0002)	(0.0003)	(0.0002)	(0.0003)
capitalintense	-0.0006 ***	-0.0008 ***	-0.0006 ***	-0.0008 ***	-0.0006 ***	-0.0008 ***
	(0.0000)	(0.0001)	(0.0000)	(0.0001)	(0.0000)	(0.0001)
averageedu	-0.0079	0.0153	-0.0078	0.0155	-0.0073	0.0169
	(0.0055)	(0.0123)	(0.0055)	(0.0123)	(0.0055)	(0.0123)
profitrate	-0.1271 ***	-0.1250 ***	-0.1257 ***	-0.1306 ***	-0.1208 ***	-0.1215 ***
	(0.0285)	(0.0474)	(0.0285)	(0.0478)	(0.0285)	(0.0471)
debtrate	0.0250 ***	0.1789 ***	0.0216 **	0.1729 ***	0.0205 **	0.1647 ***
	(0.0097)	(0.0270)	(0.0096)	(0.0270)	(0.0097)	(0.0269)
expintens_ 3	0.6677 ***	0.9703 ***	0.7255 ***	1.0200 ***	0.8848 ***	1.4756 ***
	(0.0448)	(0.1090)	(0.0422)	(0.1031)	(0.0367)	(0.0840)
expshareindu	-0.4795	1.7784 **	-0.6350 **	1.4057 *	-0.6123 **	1.3728 *
	(0.2932)	(0.7587)	(0.2918)	(0.7564)	(0.2929)	(0.7561)
year2	0.0070	-0.0393 **	0.0042	-0.0481 ***	0.0075	-0.0382 **
	(0.0062)	(0.0171)	(0.0062)	(0.0172)	(0.0062)	(0.0171)
year3	0.0202 ***	-0.0593 ***	0.0168 **	-0.0708 ***	0.0229 ***	-0.0538 ***
	(0.0065)	(0.0174)	(0.0065)	(0.0175)	(0.0065)	(0.0173)

续表

变量	(1)		(2)		(3)	
	expintens	expselect	expintens	expselect	expintens	expselect
expintens_ c	0. 6240 ***	1. 6241 ***	0. 6285 ***	1. 6414 ***	0. 6235 ***	1. 6195 ***
	(0. 0288)	(0. 0673)	(0. 0288)	(0. 0673)	(0. 0288)	(0. 0672)
expshare_ c	-0. 7174	12. 3277 ***	-0. 8658	12. 1265 ***	-0. 9045	11. 7505 ***
	(0. 8301)	(2. 0015)	(0. 8274)	(1. 9965)	(0. 8295)	(1. 9989)
FDIshare_ c	-7. 1033 ***	-30. 9088 ***	-6. 9116 ***	-30. 7212 ***	-6. 9934 ***	-30. 2852 ***
	(1. 0347)	(2. 2814)	(1. 0307)	(2. 2749)	(1. 0334)	(2. 2802)
revlq_ c3	-0. 0013 ***	0. 0007 *	-0. 0013 ***	0. 0008 **	-0. 0013 ***	0. 0007 *
	(0. 0001)	(0. 0004)	(0. 0001)	(0. 0004)	(0. 0001)	(0. 0004)
RDintense_ c3	0. 1582	2. 5048 ***	0. 1142	2. 3798 ***	0. 1825	2. 5966 ***
	(0. 1822)	(0. 4720)	(0. 1819)	(0. 4722)	(0. 1828)	(0. 4709)
productivty_ c3	-0. 0007 ***	-0. 0021 ***	-0. 0007 ***	-0. 0021 ***	-0. 0007 ***	-0. 0021 ***
	(0. 0001)	(0. 0002)	(0. 0001)	(0. 0002)	(0. 0001)	(0. 0002)
marketstru_ c3	0. 0837 **	-0. 1880	0. 1138 ***	-0. 1146	0. 0848 **	-0. 2085 *
	(0. 0418)	(0. 1150)	(0. 0419)	(0. 1157)	(0. 0419)	(0. 1151)
revdivers_ c3	0. 1474 ***	0. 3192 ***	0. 1411 ***	0. 3062 ***	0. 1610 ***	0. 3536 ***
	(0. 0382)	(0. 1064)	(0. 0382)	(0. 1065)	(0. 0383)	(0. 1060)
region1		0. 3946 ***		0. 4220 ***		0. 3650 ***
		(0. 1394)		(0. 1398)		(0. 1394)
rev		0. 0000 ***		0. 0000 ***		0. 0000 ***
		(0. 0000)		(0. 0000)		(0. 0000)
_ cons	0. 0163	-0. 9769 ***	0. 0175	-0. 9621 ***	-0. 0704 **	-1. 1199 ***
	(0. 0326)	(0. 1611)	(0. 0330)	(0. 1614)	(0. 0320)	(0. 1599)
λ		0. 2188 ***		0. 2153 ***		0. 2218 ***
		(0. 0181)		(0. 0180)		(0. 0182)
N	42650		42650		42650	
χ^2	3878. 1607		3886. 3928		3849. 4063	
ρ	0. 6485		0. 6405		0. 6546	
σ	0. 3374		0. 3361		0. 3388	

表 6－9 FDI 集群股权结构回归结果（2）

变量	（1）		（2）		（3）	
	expintens	expselect	expintens	expselect	expintens	expselect
FDI_ rev_ c3_ lq	－0. 1148 *** (0. 0149)	－0. 2036 *** (0. 0321)				
FDI_ labor_ c3_ lq			－0. 0561 *** (0. 0089)	－0. 1326 *** (0. 0210)		
FDI_ rev_ c3_ rate					0. 0175 (0. 0175)	0. 4349 *** (0. 0446)
fw_ rate_ num_ c3	0. 2534 *** (0. 0290)	－0. 7221 *** (0. 0757)	0. 2327 *** (0. 0287)	－0. 7544 *** (0. 0749)	0. 2079 *** (0. 0288)	－0. 8192 *** (0. 0741)
FDIrevrate_ fw_ num_ inter	－0. 6029 *** (0. 0493)	－0. 2958 ** (0. 1366)	－0. 5516 *** (0. 0483)	－0. 2050 (0. 1346)	－0. 5179 *** (0. 0482)	－0. 1255 (0. 1337)
RDintense1	－0. 1033 *** (0. 0324)	0. 1626 * (0. 0883)	－0. 1065 *** (0. 0323)	0. 1526 * (0. 0878)	－0. 1060 *** (0. 0324)	0. 1525 * (0. 0876)
newpintense	0. 0341 ** (0. 0143)	0. 6299 *** (0. 0408)	0. 0325 ** (0. 0143)	0. 6271 *** (0. 0407)	0. 0354 ** (0. 0144)	0. 6282 *** (0. 0408)
productivity	－0. 0001 *** (0. 0000)	－0. 0005 *** (0. 0001)	－0. 0001 *** (0. 0000)	－0. 0005 *** (0. 0001)	－0. 0001 *** (0. 0000)	－0. 0005 *** (0. 0001)
averagewageall	0. 0002 (0. 0002)	0. 0000 (0. 0003)	0. 0002 (0. 0002)	0. 0000 (0. 0003)	0. 0003 (0. 0002)	0. 0001 (0. 0003)
capitalintense	－0. 0006 *** (0. 0000)	－0. 0008 *** (0. 0001)	－0. 0006 *** (0. 0000)	－0. 0008 *** (0. 0001)	－0. 0006 *** (0. 0000)	－0. 0008 *** (0. 0001)
averageedu	－0. 0081 (0. 0055)	0. 0166 (0. 0123)	－0. 0079 (0. 0055)	0. 0168 (0. 0123)	－0. 0076 (0. 0055)	0. 0178 (0. 0123)
profitrate	－0. 1258 *** (0. 0285)	－0. 1309 *** (0. 0479)	－0. 1241 *** (0. 0285)	－0. 1351 *** (0. 0482)	－0. 1188 *** (0. 0285)	－0. 1272 *** (0. 0477)
debtrate	0. 0240 ** (0. 0096)	0. 1795 *** (0. 0271)	0. 0205 ** (0. 0096)	0. 1746 *** (0. 0270)	0. 0195 ** (0. 0096)	0. 1681 *** (0. 0270)
expintens_ 3	0. 6351 *** (0. 0462)	1. 1571 *** (0. 1120)	0. 7097 *** (0. 0434)	1. 2285 *** (0. 1053)	0. 8711 *** (0. 0376)	1. 6229 *** (0. 0853)
expshareindu	－0. 8614 *** (0. 2884)	0. 2228 (0. 7530)	－1. 0108 *** (0. 2875)	－0. 0993 (0. 7504)	－0. 9938 *** (0. 2885)	－0. 1646 (0. 7502)

续表

变量	(1)		(2)		(3)	
	expintens	expselect	expintens	expselect	expintens	expselect
year2	0.0075	-0.0340**	0.0048	-0.0414**	0.0083	-0.0324*
	(0.0062)	(0.0171)	(0.0062)	(0.0172)	(0.0062)	(0.0171)
year3	0.0201***	-0.0583***	0.0171***	-0.0676***	0.0234***	-0.0526***
	(0.0065)	(0.0174)	(0.0065)	(0.0175)	(0.0064)	(0.0173)
expintens_ c	0.6207***	1.6420***	0.6255***	1.6554***	0.6193***	1.6387***
	(0.0285)	(0.0673)	(0.0286)	(0.0674)	(0.0286)	(0.0673)
expshare_ c	-1.1023	13.6920***	-1.2666	13.5055***	-1.3217	13.0728***
	(0.8273)	(1.9887)	(0.8253)	(1.9846)	(0.8268)	(1.9845)
FDIshare_ c	-6.7076***	-32.2490***	-6.4993***	-32.0986***	-6.5339***	-31.5265***
	(1.0273)	(2.2527)	(1.0244)	(2.2474)	(1.0258)	(2.2487)
revlq_ c3	-0.0013***	0.0003	-0.0013***	0.0004	-0.0012***	0.0003
	(0.0001)	(0.0004)	(0.0001)	(0.0004)	(0.0001)	(0.0004)
RDintense_ c3	0.1617	2.0830***	0.1133	1.9637***	0.1710	2.1209***
	(0.1811)	(0.4718)	(0.1809)	(0.4720)	(0.1816)	(0.4711)
productivty_ c3	-0.0006***	-0.0019***	-0.0006***	-0.0018***	-0.0006***	-0.0018***
	(0.0001)	(0.0002)	(0.0001)	(0.0002)	(0.0001)	(0.0002)
marketstru_ c3	0.0639	-0.0618	0.0928**	-0.0027	0.0647	-0.0833
	(0.0412)	(0.1141)	(0.0414)	(0.1148)	(0.0413)	(0.1141)
revdivers_ c3	0.1378***	0.1283	0.1303***	0.1144	0.1458***	0.1412
	(0.0384)	(0.1077)	(0.0384)	(0.1078)	(0.0385)	(0.1074)
region1		0.4888***		0.4996***		0.4453***
		(0.1408)		(0.1412)		(0.1408)
rev		0.0000***		0.0000***		0.0000***
		(0.0000)		(0.0000)		(0.0000)
_ cons	0.0101	-1.0593***	0.0101	-1.0344***	-0.0730**	-1.1489***
	(0.0327)	(0.1647)	(0.0332)	(0.1652)	(0.0320)	(0.1641)
λ		0.2118***		0.2090***		0.2152***
		(0.0178)		(0.0177)		(0.0178)
N	42650		42650		42650	
χ^2	3922.4717		3921.2455		3887.2803	

续表

变量	(1)		(2)		(3)	
	expintens	expselect	expintens	expselect	expintens	expselect
ρ	0.6324		0.6259		0.6396	
σ	0.3349		0.3339		0.3364	

由表6－8和表6－9可知，方程总体上的拟合程度较好，从相关参数如λ、ρ以及σ来看，Heckman模型的使用是必要的。在表6－8中，我们以FDI独资企业销售收入所占比重来度量集群中FDI独资企业在全部外资企业中所占比重，发现出口密集度方程中的关键变量系数都小于0，且是显著的，而对于出口选择方程，系数不显著，在前两个方程中系数为负，第三个方程中系数为正。在表6－9中，以FDI独资企业的企业数量比重来度量FDI的股权结构，交叉项的系数也大部分为负，且都是显著的，因此，根据表6－8和表6－9可以得出，目前在我国制造业产业集群中，FDI独资企业所占比重增大时，FDI的出口溢出效应会减弱，这说明在集群中，FDI独资企业抑制出口溢出方面超过了促进方面，从而导致总体的溢出效应为负。

6.5 小结

本章深入到FDI集群的内部结构，以FDI集群为样本，从FDI集群的市场集中度、FDI企业来源结构以及FDI企业的股权结构三个方面更细致地考察了FDI在集群内的出口溢出效应和机制。在FDI集群市场集中度方面，发现随着市场集中度的上升，FDI对国内企业的出口溢出效应会不断减弱，计量结果在统计上和经济上都比较显著。究其原因，主要是在 FDI 企业集中度较高的集群中，较大规模的 FDI 企业为保证自己在集群中的控制力，往往会限制企业信息和技术的外溢。在来源结构方面，由于港澳台企业技术优势相对较弱，而其与国内企业的信息沟通较为方便，所以在 FDI 集群中，随着港澳台企业比重的上升，FDI 对出口选择的外溢效应较为明显，而对于出口密集度的外溢效应却产生了抑制作用。FDI 股权结构方面，实证结果显示在制造业集群中，FDI 独资企业所占比重越大，则出口溢出效应越小，其原因主要从出口溢出的两个渠道考虑，在技术溢出渠道上，FDI 独资企业对本土企业的技术溢出本身就存在两面性：一方面，独资企业会向东道国的分支机构转移更先进的技术，从而为技术溢出提供条件；另一方面，由于独资企业对技术的控制能力更强，这些先进技术对本土企业的溢出也是有限的。在信息渠道方面，由于 FDI 与本土企业存在对国外市场的竞争关系，所以 FDI 独资企业会更强有力地控制出口信息的溢出。

7 结论与政策建议

7.1 结论

现有的大量文献发现了 FDI 对东道国企业存在技术溢出和出口溢出效应，同时产业集群又是知识溢出的重要场所，而目前 FDI 出口溢出的文献没有系统讨论空间因素对于出口溢出的影响，所以现有文献对集群中的 FDI 出口溢出并没有给予关注。本书对 2005～2007 年中国制造业企业数据进行计量分析，识别出了集群中 FDI 出口溢出的空间效应，测量了 FDI 在集群中出口溢出的渠道，并研究 FDI 集群的结构对出口溢出效应产生的影响，主要得到以下三个方面的结论：

第一，本书通过实证分析从空间距离和一定空间范围的企业密集程度判断 FDI 的出口溢出是否存在空间效应。以 2005～2007 年的制造业企业为样本，利用 Heckman 模型，分别从省、市以及县三个尺度的空间范围进行回归分析，发现随着空间尺度的缩小，FDI 出口溢出的强度在增大。当引入县区内同行业企业的数量与出口溢出效应进行联合分析后，发现随着企业密集度的上升，FDI 出口溢出的效应会增强。这两方面的实证分析证明了FDI 出口溢出存在空间效应，进而证明了研究在集群内 FDI 出口溢出效应是有必要的，也是有意义的。

第二，利用集群企业样本数据，进一步发现了 FDI 在集群中具有更强的出口溢出效应后，着重对集群内的 FDI 出口溢出的渠道进行了实证分析。分析结果发现，在我国制造业产业集群中 FDI 出口溢出主要通过技术溢出间接实现，信息渠道在溢出过程中作用并不明显。

第三，本书引入 FDI 集群中 FDI 企业群的结构，着重考察了FDI 企业群的市场集中度、FDI 来源结构以及 FDI 股权结构对于 FDI 出口溢出效应的影响。通过本书的实证分析发现，首先，随着市场集中度的提高，FDI 出口溢出的效应会减弱。其次，港澳台企业所占比重较大的 FDI 产业集群更多地通过信息渠道实现出口溢出，而其他外资企业所占比重较大 FDI 产业集群主要通过技术渠道实现对国内的企业的出口溢出。最后，在股权结构方面，FDI 独资企业在FDI 企业中的比重越大，则 FDI 出口溢出的效应越小。

7.2 政策建议

本书的研究有以下几点政策含义：

首先，由于 FDI 对本地企业存在正向的出口溢出作用，同时这种溢出作用受到空间范围的限制，即国内企业与 FDI 企业越接近，则外溢效应越强，这从一个侧面说明了地方政府之间为什么会在吸引外资方面产生竞争，由于 FDI 的外溢效应不是在全国范围内均匀地产生影响，所以只有把 FDI 吸引到本区域，才能充分享受到 FDI 带来的好处，进而通过 FDI 带动本地发展。

其次，由于目前 FDI 主要通过技术溢出来实现出口溢出，而出口溢出的信息渠道相对来说并不够畅通，所以政府可通过信息平台的建设，借助行业协会、加强员工培训等方法促进企业之间信息的交流，充分发挥 FDI 的出口溢出效应。

最后，对于不同来源地及不同股权结构的 FDI，其出口溢出效应也有差异，港澳台企业主要通过信息渠道实现出口溢出，而外资企业主要通过技术渠道实现出口溢出。由于 FDI 合资和合作企业相对于独资企业具有较强的溢出效应，所以政府在吸引外资进入本区域时，要考虑到本区域的发展目标和 FDI 的性质。

参考文献

［1］ Abor J. , Adjasi K. D. C. , Hayford M – C. How does Foreign Direct Investment Affect the Export Decisions of Firms in Ghana? ［J］ . African Development Review, 2008 (20): 446 –465.

［2］ Acs Z. J. , D. B. Audretsch, M. P. Feldman. Real Effects of Academic Research ［J］ . American Economic Review, 1992 (82): 363 –367.

［3］ Adams J. D. Comparative Localization of Academic and Industrial Spillovers ［J］ . Journal of Economic Geography, 2002 (2): 253 –278.

［4］ Adams J. D. , Jaffe A. B. Bounding the Effects of R&D: An Investigation Using Matched Firm and Establishment Data ［J］ . RAND Journal of Economics, 2002 (27): 700 –721.

［5］ Aitken B. , Harrison A. , Do Domestic Firms Benefit from Direct Foreign Investment? Evidence from Venezuela ［J］ . American Economic Review, 1999 (89): 605 –618.

［6］ Aitken B. , Hanson H. G. , Harrison E. A. Spillovers, Foreign Investment, and Export Behavior ［J］ . Journal of International Economics, 1997 (43): 103 – 132.

[7] Albarran P., Carrasco R., Holl A. Domestic Transport Cost Reductions and Firms' Export Behaviour [J]. Documento De Trabajo, 2008 (13).

[8] Alfaroa L., Chandab A., Kalemli – Ozcanc S., Sayekd S. FDI and Economic Growth: The Role of Local Financial Markets [J]. Journal of International Economics, 2004 (64): 89 – 112.

[9] Almeida P., Kogut B. The Exploration of Technological Diversity and the Geographic Localization of Innovation [J]. Small Business Economics, 1997, 9 (1): 21 – 31.

[10] Amsden A. The Rise of the Rest: Challenge to Western World by Developing Countries [M]. Oxford: Oxford University Press, 2001.

[11] Anselina L. Vargab A., Acs Zoltan A. Local Geographic Spillovers between University Research and High Technology Innovations [J]. Journal of Urban Economics, 1997 (42): 422 – 448.

[12] Anwar S., Nguyen P. L. Foreign Direct Investment and Export Spillovers: Evidence from Vietnam [J]. International Business Review, 2011 (20): 177 – 193.

[13] Arrow K. Economic Welfare and the Allocation of Resources for Invention [M]. Princeton: The Rate and Direction of Inventive Activity Princeton University Press, 1962.

[14] Audretsch D. B., Feldman M. P. R&D Spillovers and the Geography of Innovation Production [J]. American Economic Review, 1996 (86): 630 – 640.

[15] Autant – Bemard C., Science and Knowledge Flows: Evi-

dence from the French Case [J]. Research Policy, 2001, 30 (7): 1069 - 1078.

[16] Autant - Bernard C. The Geography of Knowledge Spillovers and Technological Proximity [J]. Economics of Innovation and New Technology, 2001, 10 (4): 237 - 254.

[17] Bair J., Gereffi G. Local Clusters in Global Chains: The Causes and Consequences of Export Dynamism in Torreon's Blue Jeans Industry [J]. World Development, 2001 (29): 1885 - 1903.

[18] Barrios S., Görg H., Strobl E. Explaining Firms' Export Behaviour: The Role of R&D and Spillovers [J]. Documento De Trabajo, 2001 (12).

[19] Becattini G. Sectors and/or Districts: Some Remarks on the Conceptual Foundations of Industrial Economics, in Goodman E. and Bamford J. Eds Small Firms and Industrial Districts in Italy [R]. Routledge, London, 1989.

[20] Becattini P. G. and Senbenberger W. Industrial Districts and Inter - Firm Co - Operation in Italy [M]. Geneva: International Institute for Labour Studies, 1990.

[21] Becchetti L., Trovato G. The Determinants of Growth for Small and Medium Sized Firms: The Role of the Availability of External Finance [J]. Small Business Economics, 2002 (19): 291 - 306.

[22] Behrman J., H. Wallender. Transfer of Manufacturing Technology within Multinational Enterprises [M]. Cambridge, Mass: Ballinger, 1976.

[23] Bellandi M. The Industrial District in Marshall [J]. Goodman

and Bamford, 1989 (2): 136 – 152.

[24] Bernard A. B., Redding S., Schott P. Product Choice and Product Switching [R]. NBER Working Paper 9789, 2003.

[25] Bernard A. B., Redding S., Schott P. Comparative Advantage and Heterogeneous Firms [J]. Review of Economic Studies, 2007 (74): 31 – 66.

[26] Bernard A. B., Wagner J. Exports and Success in German Manufacturing [J]. Weltwirtschaftliches Archiv, 1997 (133): 134 – 157.

[27] Bernard B. A., Jensen J. B. Why some Firms Export [J]. The Review of Economics and Statistics, 2004 (86): 561 – 569.

[28] Black G. The Geography of Small Firm Innovation [R]. Kluwer Academic, Dordrecht, 2003.

[29] Blomstrom M. Host Country Benefits of Foreign Investment. In D. G. McFetridge (ed.), Foreign Investment, Technology and Economic Growth [M]. Toronto and London: Toronto University Press, 1991.

[30] Blomstrom M., Kokko A. Multinational Corporations and Spillovers [J]. Journal of Economic Surveys, 1998 (12): 247 – 277.

[31] Blomström M., Kokko. A. Human Capital and Inward FDI [R]. CEPR Working Paper, 2003.

[32] Blomström, Magnus, Sjöholm, Fredrik. Technology Transfer and Spillovers: Does Local Participation with Multinationals Matter? [J]. European Economic Review, 1999 (43): 915 – 923.

[33] Branstetter L. Measuring the Link between Academic Science and Innovation: The Case of California Research Universities [M].

Mimeo: University of California, Davis, 2002.

[34] Brencic V., Pahor M. Exporting, Skill Upgrading, and Skill Mismatch: Evidence from Employers' Hiring Practices [EB/OL]. http://www.freit.org/EIIT/2011.

[35] Callois J – M. The Two Sides of Proximity in Industrial Clusters: The Trade – off between Process and Product Innovation [J]. Journal of Urban Economics, 2008 (63): 146 – 162.

[36] Capello R. Spatial Transfer of Knowledge in Hi – Tech Milieux: Learning Versus Collective Learning Progress [J]. Regional Studies, 1999 (33): 352 – 365.

[37] Chaney T. Liquidy Constrained Exporters [M]. Chicago: University of Chicago Mimeo, 2005.

[38] Chang S. J. Xu D. Spillovers and Competition among Foreign and Local Firms in China [J]. Strategic Management Journal, 2008 (29): 495 – 518.

[39] Chen E. K. Y. Multinational Corporations, Technology and Employment [M]. London: Macmillan, 1983.

[40] Clerides S., Lach S., Tybout J. Is "Learning – by Exporting" Important? Micro – Dynamic Evidence from Colombia, Mexico and Morocco [R]. NBER Working Paper 5715, 1996.

[41] Coe D. T., Helpman E. International R&D Spillovers [J]. European Economic Review, 1995 (39): 859 – 887.

[42] Cohen W. M., Levinthal D. A. Innovation and Learning: The Two Faces of R&D [J]. The Economic Journal, 1989 (99): 569 – 596.

[43] Cohen W. M., Levinthal D. A. Absorptive Capacity: A New Perspective on Learning and Innovation, Administrative Science Quarterly [J]. Special Issue: Technology, Organizations, and Innovation, 1990, 35 (1): 128 - 152.

[44] Cole A. M., Elliott J. R. R., Virakul S. In Search of Export Spillovers in a Developing Country [EB/OL]. http://www. socscistaff. bham. ac. uk/cole/etsgexportspillovers. pdf.

[45] Combes P. P. Economic Structure and Local Growth: France, 1984 - 1993 [J]. Journal of Urban Economics, 2000, 47 (3): 329 - 355.

[46] Combes P. P., Duranton G. Labour Poolinglabour Poaching, and Spatial Clustering [J]. Regional Science and Urban Economics, 2006 (36): 1 - 28.

[47] Das B., Shil C. N., Pramanik A. Strengthening SMEs to Make Export Competitive [EB/OL]. MPRA, http://mpra. ub. uni - muenchen. de/7800/1/MPRA_ paper_ 7800. pdf, 2007.

[48] Dei Ottati G. Cooperation and Competition in the Industrial District as Organisation Model [J]. European Planning Studies, 1994 (2): 463 - 483.

[49] Desai, Mihir A., Foley, Fritz, Hines, James R. The Costs of Shared Ownership: Evidence from International Joint Ventures [J]. Journal of Financial Economics, 2004, 73 (2): 323 - 374.

[50] Du, Jun, Girma S. Finance and Firm Export in China [J]. KYKLOS, 2007 (60): 37 - 54.

[51] Du, Jun, Girma S. Multinationals, Access to Finance and the

Exports of Private Firms in China [R]. Research Paper Series, China and the World Economy, Research Paper, 2008.

[52] Duranton G., Puga D. Nursery Cities: Urban Diversity, Process Innovation and the Life Cycle of Products [J]. American Economic Review, 2001 (91): 1454 - 1477.

[53] Evans P. Dependent Development the Alliance of Multinational, State and Local Capital in Brazil [M]. Princeton: Princeton University Press, 1979.

[54] Feldman M. The Geography of Innovation [M]. Dordrecht: Kluwer, 1994.

[55] Feldman M. P., Florida R. The Geographic Sources of Innovation: Technological Infrastructure and Product Innovation in the United States [J]. Annals of the Association of American Geographers, 1994 (84): 210 - 229.

[56] Feldman M. P., J. L. Francis. The Entrepreneurial Spark: Individual Agents and the Formation of Innovative Clusters. In A. Q. Curzio, M. Fortis, Editors, Complexity and Industrial Clusters: Dynamics and Models in Theory and Practice [M]. New York: Physica - Verlag, 2002.

[57] Feldman M., P., Audretsch D. Innovation in Cities: Science - Based Diversity, Specialization and Localized Competition [J]. European Economic Review, 1999 (43): 409 - 429.

[58] Fetscherin M., Voss H., Gugler P. 30 Years of Foreign Direct Investment to China: An Interdisciplinary Literature Review [J]. International Business review, 2010 (19): 235 - 246.

[59] Findlay R. Relative Backwardness, Direct Foreign Investment, and the Transfer of Technology: A Simple Dynamic Model [J]. Quarterly Journal of Economics, 1978 (92): 1-16.

[60] Fombrun, Mark Shanley. What's in a Name? Reputation Building and Corporate Strategy [J]. The Academy of Management Journal, 1990 (33): 233-258.

[61] Fotopoulos G., Louri H. Firm Growth and FDI: Are Multinationals Stimulating Local Industrial Development? [J]. Journal of Industry, Competition and Trade, 2004 (4): 163-189.

[62] Franco C., Sasidharan S. MNEs and Export Spillovers: An Analysis of Indian Manufacturing Industries [R]. Trade Working Papers 22938, East Asian Bureau of Economic Research, 2009.

[63] Franco C. Sasidharan S. FDI, Export Spillover and Firm Heterogeneity—An Application to the Indian Manufacturing Case, Development Research Unit Working Paper Series 06-09 [D]. Monash University, Department of Economics, 2009.

[64] Fu, Xiaolan. Processing Trade, FDI and the Exports of Indigenous Firms: Firm-Level Evidence from Technology-Intensive Industries in China [J]. Oxford Bulletin of Economics and Statistics, 2011 (73): 792-817.

[65] Gerschenberg I. The Training and Spread of Managerial Know-How: A Comparative Analysis of Multinational and other Firms in Kenya [J]. World Development, 1987 (15): 931-939.

[66] Gerschenkron A. Economic Backwardness in Historical Perspective. In: Hoselitz B. F. Ed., The Progress of Underdeveloped Areas

[M]. Chicago: University of Chicago Press, 1952.

[67] Ghosh D. N. Revisiting FDI in China [J]. Economic and Political Weekly, 2006 (41): 1213 - 1215.

[68] Glaeser E., Kallal H., Scheinkman J., Shleifer, A. Growth in Cities [J]. Journal of Political Economy, 1992 (100): 1126 - 1152.

[69] Glass Amy J., Kamal Saggi. Multinational Firmsand Technology Transfer [J]. Scandinavian Journal of Economics, 2002 (104): 495 - 513.

[70] Globerman S. Shapiro D., Vining A. Clusters and Intercluster Spillovers: Their Influence on the Growth and Survival of Canadian Information Technology Firms [J]. Industrial and Corporate Change, 2005 (14): 27 - 60.

[71] Granovetter M. Economic Action and Social Structure: The Problem of Embeddedness [J]. American Journal of Sociology, 1985 (91): 481 - 510.

[72] Greenaway D., Kneller R. Firm Heterogeneity, Exporting and Foreign Direct Investment [J]. The Economic Journal, 2007 (117): 134 - 161.

[73] Greenaway D., Sousab N., Wakelina K. Do Domestic Firms Learn to Export from Multinationals? [J]. European Journal of Political Economy, 2004 (20): 1027 - 1043.

[74] Grossman Gene M., Elhanan Helpman. Innovation and Growth in the Global Economy [M]. Cambridge, Mass: MIT Press, 1991.

[75] Harding T., Javorcik S. B. FDI and Export Upgrading [D]. Department of Economics Discussion Paper Series, 2011.

[76] Harrison B. Lndustrial Districts: Old Wine in New Bottles? [J]. Regional Studies, 1992 (26): 469 - 483.

[77] Hart O. D., Moore J. Property Rights and the Nature of the Firm [J]. Journal of Political Economy, 1990 (98): 1119 - 1158.

[78] Heckman J. J. Sample Selection Bias as a Specification Error [J]. Econometrica, 1979 (47): 153 - 161.

[79] Helpman E., Krugman P. Market Structure and Foreign Trade [M]. Cambridge, MA: MIT Press, 1985.

[80] Helpman E. Melitz M., Yeaple S. Export Versus FDI [J]. American Economic Review, 2004 (94): 300 - 316.

[81] Henderson J. V. Externalities and Industrial Development [J]. Journal of Urban Economics, 1997 (42): 449 - 470.

[82] Henderson J. V. Marshall's Scale Economies [J]. Journal of Urban Economics, 2003 (53): 1 - 28.

[83] Henderson J. V. Ari K., Matt, Turner. Industrial Development in Cities [J]. Journal of Political Economy, 1995 (103): 1067 - 1090.

[84] Henderson R. M. Technological Change and the Management of Architectural Knowledge. In Transforming Organizations, Edited by T. Kochan and M. Useem [M]. Oxford, U. K.: Oxford University Press, 1992.

[85] Herzer D., Klasen S., Felicitas Nowak - Lehmann D. In Search of FDI - Led Growth in Developing Countries: The Way Forward

[J] . Economic Modelling, 2008 (25): 793 - 810.

[86] Hussler, Caroline. Culture and Knowledge Spillovers in Europe: New Perspectives for Innovation and Convergence Policies? [J]. Economics of Innovation and New Technology. Taylor and Francis Journals, 2004 (13): 523 - 541.

[87] Jacobs J. The Economy of Cities [M] . New York: Random House, 1969.

[88] Jaffe A. B. Real Effects of Academic Research [J] . American Economic Review, 1989 (79): 957 - 970.

[89] Jaffe A. B., Trajtenberg M. International Knowledge Flows: Evidence from Patent Citations [R] . NBER Working Papers 6507, National Bureau of Economic Research, Inc, 1998.

[90] Jaffe A. B., Trajtenberg M. Patents, Citations, and Innovations: A Window on The Knowledge Economy [M] . Cambridge: MIT Press, 2002.

[91] Jaffe A. B., Trajtenberg M., Henderson R. Geographic Localization of Knowledge Spillovers as Evidenced by Patent Citations [J]. Quarterly Journal of Economics, 1993 (63): 577 - 598.

[92] Javorcik, Beata Smarzynska, Spatarean, Mariana. To Share or not to Share: Does Local Participation Matter for Spillovers from Foreign Direct Investment? [J] . Journal of Development Economics, 2008 (85): 194 - 217.

[93] Jordaan A. J. Determinants of FDI - Induced Externalities: New Empirical Evidence for Mexican Manufacturing Industries [J]. World Development, 2005 (33): 2103 - 2118.

[94] Kamal Saggi. Trade, Foreign Direct Investment, and International Technology Transfer: A Survey [J]. The World Bank Research Observer, 2002 (17): 191-235.

[95] Karpaty P., Kneller R. Demonstration or Congestion? Export Spillovers in Sweden [J]. Review of World Economy, 2011 (147): 109-130.

[96] Katz J. M. Technology Creation in Latin American Manufacturing Industries [M]. New York: St. Martin's Press, 1987.

[97] Kleinknecht A., Van Reijnen J. Why do Firms Cooperate in R&D? An Empirical Study [J]. Research Policy, 1992 (21): 347-360.

[98] Kneller R., Pisu M. Industrial Linkages and Export Spillovers from FDI [J]. The World Economy, 2007 (30): 105-134.

[99] Krugman P. Increasing Returns and Economic Geography [J]. Journal of Political Economy, 1991 (99): 483-499.

[100] Krugman P. Geography and Trade [M]. Cambridge, MA: MIT Press, 1991.

[101] Krugman P., Venables A. J. Globlization and the Inequility of Nations [J]. The Quarterly Journal of Economics, 1995 (110): 857-880.

[102] Lake A. W. Technology Creation and Technology Transfer by Multinational. In R. G. Hawkins (ed.), Research in International Business and Finance, Vol. 1: The Economic Effects of Multinational Corporations [M]. Greenwich: JAI Press, 1979.

[103] Lall S. Vertical Linkages in LDCs: An Empirical Study [J].

Oxford Bulletin of Economics and Statistics, 1980 (42): 203 - 226.

[104] Langdon S. Multinational Corporations in the Political Economy of Kenya [M]. London: Macmillan, 1981.

[105] Lawless M. Geography and Firm Exports: New Evidence on the Nature of Sunk Costs [N]. Research Technical Paper, 1/RT/06.

[106] Leichenko M. R., Erickson A. R. Foreign Direct Investment and State Export Performance [J]. Journal of Regional Science, 1997 (37): 307 - 329.

[107] Lin, Ping, Liu, Zhuomin, Zhang, Yifan. Do Chinese Domestic Firms Benefit from FDI Inflow? Evidence of Horizontal and Vertical Spillovers [J]. China Economic Review, 2009 (20): 677 - 691.

[108] Long C., Zhang X. B. Cluster - Based Industrialization in China: Financing and Performance [J]. Journal of International Economics, 2011 (84): 112 - 123.

[109] Lucas R. E. On the Mechanics of Economic Development [J]. Journal of Monetary Economic, 1988 (22): 3 - 39.

[110] Mac Dougall. G. D. A. The Benefits and Costs of Private Investment from Abroad: A Theory Approach [J]. Economic Record, 1960 (36): 13 - 35.

[111] Malecki E. Technology and Economic Development: The Dynamics of Local, Regional and National Competitiveness [M]. London: Addison - Wesley, Longman, 1997.

[112] Manova K. Credit Constraints, Heterogenenous Firms, and International Trade [R]. NBER Working Papers 14531, 2008.

[113] Mansfield E. Entry, Gibrat's Law, Innovation, and the

Growth of Firms [J] . American Economic Review, 1962 (52): 1023 - 1051.

[114] Mansfield E. Academic Research Underlying Industrial Innovations: Sources, Characteristics, and Financing [J] . Review of Economics and Statistics, 1995 (77): 155 - 165.

[115] Mansfield E. Academic Research and Industrial Innovation: An Update of Empiricalfinding [J] . Research Policy, 1998 (26): 773 - 776.

[116] Mansfield, Edwin, Romeo, Anthony. Technology Transfer to Overseas Subsidiaries by US - Based Firms. [J] . Quarterly Journal of Economics, 1980, 95 (4): 737 - 750.

[117] Markusen, James R. , Anthony Venables. Foreign Direct Investment as a Catalyst for Industrial Development [J] . European Economic Review, 1999 (43): 335 - 356.

[118] Marshall A. Principles of Economics [M] . London: Macmillan Press Ltd, 1890.

[119] Marshall A. Industry and Trade [M] . London: Macmillan Press Ltd, 1919.

[120] Martin R. The New "Geographical Turn" in Economics: Some Critical Reflections [J] . Cambridge Journal of Economics, 1999 (23): 65 - 91.

[121] Martin R. Sunley P. Deconstructing Clusters: Chaotic Concept or Policy Panacea? [J] . Journal of Economic Geography, 2003 (3): 5 - 35.

[122] Maurseth P. B. , Verspagen B. Knowledge Spillovers in Eu-

rope : A Patent Citations Analysis [J] . Scandinavian Journal of Economics, 2002, 104 (4): 531 -545.

[123] Mayneris F. , Poncet S. Export Performance of China's Domestic Firms: The Role of Foreign Export Spillovers [J] . CEPII. Document De Travail, 2010 (32) .

[124] Maynerisy F. , Poncetz S. Chinese Firms' Entry on Export Markets: The Role of Foreign Export Spillovers [EB/OL] . http: //ces. univ - paris1. fr/membre/Poncet/Perso/Spillovers. pdf, 2011.

[125] Melitz M. The Impact of Trade on Intra - Industry Reallocations and Aggregate Industry Productivity [J] . Econometrica, 2003 (71): 1695 -725.

[126] Melitz M. , Ottaviano G. Market Size, Trade and Productivity [J] . Review of Economic Studies, 2008 (75): 295 -316.

[127] Mody A. Is FDI Integrating the World Economy? [J] . The World Economy, 2004 (27): 1195 -1222.

[128] Naud'e W. , Matthee M. The Location of Manufacturing Exporters in Africa: Empirical Evidence [J] . African Development Review, 2010 (22): 276 -291.

[129] Orlando M. J. On the Importance of Geographic and Technological Proximity for R&D Spillovers: An Empirical Investigation [R] . Federal Reserve Bank of Kansas City Research Working Paper, 2000.

[130] Overman H. G. , Puga D. Labour Pooling as a Source of Agglomeration: An Empirical Investigation, Working Papers [J] . Instituto Madrileñ de Estudios Avanzados IMDEA Ciencias Sociales, 2008.

[131] Paci R. , S. Usai. Externalities, Knowledge Spillovers and

the Spatial Distribution of Innovation [J]. Geo Journal, 1999 (49): 381 - 390.

[132] Phillips S., Ahmadi - Esfahani Z. F. Export Market Participation, Spillovers, and Foreign Direct Investment in Australian Food Manufacturing [J]. Agribusiness, 2010 (26): 329 - 347.

[133] Piore M. J., Sabel C. F. The Second Industrial Divide: Possibilities for Prosperity [M]. New York: Basic Books, 1984.

[134] Pitelis C. FDI, Regional Clusters and Catching - up by Small Counties [R]. DRUID Working Paper, Copenhagen, CBS, Denmark, 2008.

[135] Porter M. E. The Comparative Advantage of Nations [M]. New York: Free Press, 1990.

[136] Porter M. E. On Competition [M]. Boston: HBS Press, 1998.

[137] Propris D. L., Driffield N. The Importance of Clusters for Spillovers from Foreign Direct Investment and Technology Sourcing [J]. Cambridge Journal of Economics, 2006 (30): 277 - 291.

[138] Pyke F., Becattini G., Sengenberger W. Industrial Districts and Inter - Firm Cooperation in Italy [J]. International Institute for Labour Studies, 1990 (5).

[139] Ramachandaram, Vijaya. Technology Transfer, Firm Ownership, and Investment in Human Capital [J]. Review of Economics and Statistics, 1993, 75 (4): 664 - 670.

[140] Reuber G. L., H. Crookell, M. Emerson, G. Gallais - Hamonno. Private Foreign Investment in Development. [M]. Oxford:

Clarendon Press, 1973.

[141] Riedel J. The Nature and Determinants of Export – Oriented Direct Foreign Investment in a Developing Country: A Case Study of Taiwan [J] . Weltwirtschaftliches Archiv, 1975 (111): 505 – 528.

[142] Rodriquez – Clare, Andres. Multinationals L. Inkages, and Economic Development [J] . American Economic Review, 1996, 86 (4): 852 – 874.

[143] Romer P. M. Increasing Returns and Long – Run Growth [J] . Journal of Political Economy, 1986 (94): 1002 – 1037.

[144] Rothwell R. Innovation and Firm Size: A Case for Dynamic Complimentarily, or is Small Really so Beautiful? [J] . Journal of General Management, 1983 (8): 6 – 25.

[145] Ruan J. , Zhang X. Finance and Cluster – Based Industrial Development in China [J] . Economic Development and Cultural Change, 2009 (58): 143 – 164.

[146] Ruane F. , Sutherland J. Foreign Direct Investment and Export Spillovers: How Do Export Platforms Fare? [R] . IIIS Discussion Paper No. 58, 2005.

[147] Ruane F. , Uğur A. Export Platform FDI and Dualistic Development [J] . Transnational Corporations, 2006 (15): 75 – 113.

[148] Saxenian A. Regional Advantage: Culture and Competition in Silicon Valley and Route 128 [M] . Cambridge: Harvard University Press, 1994.

[149] Schmitz H. , Nadvi K. Clustering and Industrialization: Introduction [J] . World Development, 1999 (27): 1503 – 1514.

[150] Schmitz H. Collective Efficiency: Growth Path for Small - Scale Industry [J]. Journal of Development Studies, 1995 (31): 529 - 566.

[151] Shaver J. M., Flyer F. Agglomeration Economies, Firm Heterogeneity, and Foreign Direct Investment in the United States [J]. Strategic Management Journal, 2000 (21): 1175 - 1193.

[152] Sheng Yu., Chen Chunlai, Findlay C. Impact of FDI on Domestic Firms' Exports in China [R]. The University of Adelaide School of Economics, Research Paper No. 2011, 15.

[153] Sjöholm F. Do Foreign Contacts Enable Firms to Become Exporters? [EB/OL]. http://www.google.com.hk/url?q=http://citeseerx.ist.psu.edu/viewdoc/download%3Fdoi%3D10.1.1.197.3506%26rep%3Drep1%26type%3Dpdf&sa=U&ei=miJ_T8LNJaqTiAert8DKBA&ved=0CBUQFjAA&usg=AFQjCNHbsIwtFCcPhbsREBinQwMz_EqTpA.

[154] Stahl K., Walz U. Will there be a Concentration of Alikes? The Impact of Labor Market Structure on Industry Mix in the Presence of Product Market Shocks [R]. Working Paper 140. Hamburg Institute of International Economics, 2001.

[155] Sun, Sizhong. How Does FDI Affect Domestic Firms' Exports? Industrial Evidence [J]. The World Economy, 2009 (32): 1203 - 1222.

[156] Sun, Sizhong. The Role of Foreign Firms in Domestic Exporting [R]. MPRA No. 18486, 2009.

[157] Sun, Sizhong. Heterogeneity of FDI Export Spillovers and Its

Policy Implications: The Experience of China [J]. Asian Economic Journal, 2010 (24): 289 - 303.

[158] Swan P. L. The International Diffusion of an Innovation [J]. Journal of Industrial Economics, 1973 (22): 61 - 69.

[159] Swenson L. D. Multinationals and the Creation of Chinese Trade Linkages [J]. Canadian Journal of Economics, 2008 (41): 596 - 618.

[160] Tambunan T. Export - Oriented Small and Medium Industry Clusters in Indonesia [J]. Journal of Enterprising Communities: People and Places in the Global Economy, 2009 (3): 25 - 58.

[161] Teece D. J., Pisano G., Shuen A. Dynamic Capabilities and Strategic Management [J]. Strategic Management Journal, 1997 (18): 509 - 533.

[162] Todo Y., Miyamoto K. Knowledge Spillovers from Foreign Direct Investment and the Role of Local R&D Activities: Evidence from Indonesia [J]. Economic Development and Cultural Change, 2006 (55): 173 - 200.

[163] Todo Y., Zhang, Weiying, Zhou Li - An. Knowledge Spillovers from FDI in China: The Role of Educated Labor in Multinational Enterprises [J]. Journal of Asian Economics, 2009 (20): 626 - 639.

[164] Tomohara A., Takii S. Does Globalization Benefit Developing Countries? Effects of FDI on Local Wages [J]. Journal of Policy Modeling, 2011 (33): 511 - 521.

[165] Tong S. Ethnic Networks in FDI and the Impact of Institutional Development [J]. Review of Development Economics, 2005 (9):

563 –580.

[166] Tsai W. Knowledge Transfer in Intraorganizational Networks: Effects of Network Position and Absorptive Capacity on Business Unit Innovation and Performance [J] . Academy of Management Journal, 2001 (44): 996 –1004.

[167] Tuan C., Fung – Yee Ng L. The Place of FDI in China's Regional Economic Development: Emergence of the Globalized Delta Economies [J] . Journal of Asian Economics, 2007 (18): 348 –364.

[168] Venables A. J. Equilibium Locations of Vertically Linked Industries [J] . International Economic Review, 1996 (37): 341 –359.

[169] Von Hipple E. Sticky Information and the Locus of Problem Solving: Implications for Innovation [J] . Management Science, 1994 (40): 429 –439.

[170] Wakelin K. Innovation and Export Behavior at the Firm Level [J] . Research Policy, 1998 (26): 829 –841.

[171] Wallsten S. J. An Empirical Test of Geographic Knowledge Spillovers Using Geographic Information Systems and Firm – Level Data [J] . Regional Science and Urban Economic, 2001 (31): 571 –599.

[172] Wang Y., Blomstrom M. Foreign Investment and Technology Transfer: A Simple Model [J] . European Economic Review, 1992 (36): 137 –155.

[173] Willmore L. Transnationals and Foreign Trade: Evidence from Brazil [J] . Journal of Development Studies, 1992 (28): 314 –335.

[174] Xu Bin, Jianmao Wang. Capital Goods Trade and R&D Spill-

overs in the OECD [J]. Canadian Journal of Ecnomics, 1999 (32): 1258-1274.

[175] Xu, Xinpeng, Sheng Yu. Are FDI Spillovers Regional? Firm-Level Evidence from China [J]. Journal of Asian Economics, 2012 (23): 244-258.

[176] Yehoue B. E. Clusters as a Driving Engine for FDI [J]. Economic Modelling, 2009 (26): 934-945.

[177] Yeung W-C. H., Liu, Weidong. Transnational Corporations and Network Effects of a Local Manufacturing Cluster in Mobile Telecommunications Equipment in China [J]. World Development, 2006 (34): 520-540.

[178] Zhang, Hongling K. Why Does so Much FDI from Hong Kong and Taiwan Go to Mainland China? [J]. China Economic Review, 2005 (16): 293-307.

[179] Zhou, Yu, Xin, Tong. An Innovative Region in China: Interaction between Multinational Corporations and Local Firms in a High-Tech Cluster in Beijing [J]. Economic Geography, 2003 (79): 129-152.

[180] Zucker L. G., Darby M. R. Capturing Technological Opportunity Via Japan's Star Scientists: Evidence from Japanese Firms' Biotech Patents and Products [J]. The Journal of Technology Transfer, 2001 (26): 37-58.

[181] Zucker L. G., Darby M. R., Brewer M. B. Intellectual Human Capital and Thebirth of U. S. Biotechnology Enterprises [J]. American Economic Review, 1998 (88): 290-306.

［182］阿什海姆·B.T. 产业区：马歇尔等人的贡献//克拉克·G.L. 牛津经济地理手册［M］. 刘卫东等译. 北京：商务印书馆，2005.

［183］波特·M.E. 区位、集群与公司战略//克拉克·G.L. 牛津经济地理学手册［M］. 北京：商务印书馆，2005.

［184］蔡茂森，顾敏芬. FDI 对我国出口贸易贡献的实证分析［J］. 商业研究，2005（326）：124－126.

［185］戴金平，冯蕾. 外国直接投资与中国的出口竞争力——地区差异的实证研究［J］. 南开经济研究，2003（5）：39－43.

［186］封福育，王少平. FDI 对中国出口贸易影响的实证分析［J］. 南昌大学学报（人文社会科学版），2006，37（2）：53－55.

［187］盖骁敏，张文娟. FDI 产业集聚的根植性问题研究［J］. 管理世界，2010（12）：168－169.

［188］何兴容，杨龙光. 内向型 FDI 的贸易出口效应与区域差异——基于 1994—2007 年省际间面板数据的实证分析［J］. 西南民族大学学报，2010（3）：156－161.

［189］何艳. 外资对中国经济的影响：基于来源地差异视角［J］. 财贸经济，2007（4）：12－16.

［190］黄玖立，冼国明. 金融发展、FDI 与中国地区的制造业出口［J］. 管理世界，2010（7）：8－17.

［191］李春顶. 出口贸易、FDI 与我国企业的国际化路径选择——新—新贸易理论模型扩展及我国分行业企业数据的实证研究［J］. 南开经济研究，2009（2）：15－28.

［192］刘春玉. 产业集群与 FDI 的相互影响研究［J］. 商业时代，2010（29）：112－113.

[193] 刘世锦．中国产业集群发展报告（2007－2008）[M]．北京：中国发展出版社，2008.

[194] 刘修岩，易博杰，邵军．示范还是挤出？FDI对中国本土制造业企业出口溢出的实证研究 [J]．世界经济文汇，2011（5）：107－120.

[195] 卢长宝．FDI、空间创新与产业集群升级 [J]．亚太经济，2010（1）：59－64.

[196] 路江涌．外商直接投资对内资企业效率的影响和渠道 [J]．经济研究，2008（6）：95－106.

[197] 罗雨泽，朱善利，陈玉宇，罗来军．外商直接投资的空间外溢效应：对中国区域企业生产率影响的经验检验 [J]．经济学（季刊），2008（7）：587－620.

[198] 马林，章凯栋．外商直接投资对中国技术溢出的分类检验研究 [J]．世界经济，2008（7）：78－87.

[199] 马歇尔．经济学原理 [M]．北京：商务印书馆，2005.

[200] 孟超．中小企业的出口策略——集群化发展[J]．国际贸易问题，2002（2）：40－43.

[201] 宋红军．外国直接投资对中国内资企业出口溢出效应的异质性研究——基于FDI不同进入模式角度的分析 [J]．云南社会科学，2012（1）：104－108.

[202] 孙江永，孟文强．FDI直接出口效应、竞争效应与中国纺织业出口——基于地区差异的经验分析 [J]．经济问题，2011（5）：32－36.

[203] 孙江永，冼国明，马静．外商直接投资促进中国纺织业出口了吗？[J]．山西财经大学学报，2010，32（2）：53－61.

[204] 孙灵燕，崔喜君. FDI、融资约束与民营企业出口——基于中国企业层面数据的经验分析 [J]. 世界经济研究，2011 (1)：61-66.

[205] 陶凌云，赵增耀. FDI 与产业集群互动机制的分析——基于上海和江苏的例证 [J]. 开发研究，2009 (4)：63-69.

[206] 王璨. 跨国公司在华投资独资化对技术溢出效应的影响 [J]. 财经理论与实践，2006，27 (11)：40-43.

[207] 王博. 外商直接投资对我国出口增长和出口结构的影响研究：1983-2006 [J]. 国际贸易问题，2009 (6)：91-95.

[208] 王珺，郭惠武. 产业集群对企业成长的影响——基于中国制造业企业数据的实证研究 [J]. 中山大学学报（社会科学版），2012 (1)：192-201.

[209] 魏后凯等. 中国产业集聚与集群发展战略 [M]. 北京：经济管理出版社，2008.

[210] 吴渤. FDI 促进我国出口贸易发展的动态研究 [J]. 中国商贸，2009 (21)：156-157.

[211] 吴龙辉，胡求光. 浙江服装产业集群的出口贸易效应及分析 [J]. 商业研究，2010 (404)：207-211.

[212] 杨梦泓，刘振兴. 挤出还是溢出：FDI 出口溢出效应研究 [J]. 浙江社会科学，2011 (7)：13-19.

[213] 姚利民，唐春宇. 独资与合资方式的技术溢出效果比较 [J]. 国际贸易问题，2005 (10)：79-83.

[214] 张东云. FDI、出口：经济效应与贸易效应实证分析 [J]. 商业时代，2011 (7)：39-41.

[215] 张鹏. FDI 流入、出口贸易影响区域经济增长差异性的实

证分析 [J]. 国际贸易问题，2010 (5)：88 -93.

[216] 赵增耀，王喜. 独资化趋势下 FDI 对国有企业的溢出效应分析 [J]. 江海学刊，2007 (6)：63 -67.